人生的智慧

[典藏版]

［德］ **阿图尔·叔本华**
(Arthur Schopenhauer) 著

韦政希 陈利红 译

华中科技大学出版社
http://www.hustp.com
中国·武汉

图书在版编目（CIP）数据

人生的智慧 /（德）阿图尔·叔本华；韦政希，陈利红译. -- 武汉：华中科技大学出版社，2016.7（2023.12 重印）
ISBN 978-7-5680-1971-2

Ⅰ.①人… Ⅱ.①叔… ②韦… ③陈… Ⅲ.①叔本华，A.（1788-1860）—人生哲学—哲学思想 Ⅳ.① B516.41

中国版本图书馆 CIP 数据核字 (2016) 第 144918 号

人生的智慧
Rensheng de Zhihui

［德］阿图尔·叔本华 著
韦政希 陈利红 译

责任编辑：沈剑锋
封面设计：嫁衣工舍
责任校对：刘　竣
责任监印：朱　玢
出版发行：华中科技大学出版社（中国·武汉）
　　　　　武昌喻家山　邮编：430074　电话：（027）81321913
印　　刷：武汉科源印刷设计有限公司
开　　本：880mm×1230mm 1/32
印　　张：9.25
字　　数：200 千字
版　　次：2023 年 12 月第 1 版第 25 次印刷
定　　价：35.00 元

本书若有印装质量问题，请向出版社营销中心调换
全国免费服务热线：400-6679-118 竭诚为您服务
版权所有 侵权必究

无智慧，不青春

一

在人类历史的长河中，不同的国家，不同的民族，不同的时代，都涌现过很多思想家以及他们的代表作品。今天，我们所处的是一个物质空前充沛而精神极度贫乏的时代，是一个信息空前泛滥而智慧极度稀缺的时代，是一个个性极尽张扬而内心孤独迷茫的时代，也是一个价值观多元化而信仰极度匮乏的时代。

当我们离开课堂步入社会，开始在这个纷繁复杂的江湖打拼之时，如何能够保证自己不会迷失在欲望里，沉醉在浅薄中，漂浮于喧嚣上？这是我们面临的一个崭新课题。有幸能在浩如烟海的典籍中偶遇，这必然是上帝的馈赠。编者希望这套"西方经典文库·典藏版"能带给你不一样的人生智慧。

二

现在，摆在你眼前的这本《人生的智慧》，是"西方经典文库"的第二本书，其作者是德国大哲学家叔本华。

阿图尔·叔本华（Arthur Schopenhauer，1788年2月22日-1860年9月21日），德国著名哲学家，唯意志主义和现代悲观

◆ 人生的智慧 ◆

The Wisdom of Life

主义创始人，他的思想对现代的学术界、思想文化界影响极深。

叔本华出生于德意志但泽一个显赫的富商之家，从小就受到良好的教育。其父去世后留下了一笔不菲的遗产，使他一生衣食无忧。尽管如此，叔本华的一生却很不得志：他曾有过几次恋爱，但却终身未婚，也没有子女，只有一条卷毛狗伴其左右，并就此孤独终老；他虽然有很好的物质条件专心从事著述，但却一直过着隐居生活，与他同时代的哲学家都出奇一致地对他的思想绝口不提，以致其学术思想直到他去世的前几年才获得承认。换言之，如叔本华般睿智之人，也忍受了长达六十多年的沉寂，才得以奠定自己的名声——因为他从未怀疑过自己的天赋使命。

与其他哲学家相比，叔本华的不同之处在于——早在青年时期便已形成了自己完整的思想体系。他说："真理是我唯一的指路星辰。"他只写出他认定为真理的东西，其他一切完全被排除在外。叔本华也是一个强烈意识到自己使命的人，他曾自称：性格遗传自父亲，而智慧遗传自母亲。早岁之时，便随时把自己的思考记录下来，并整理成著作。1813年，叔本华发表著作《论充足理性原则的四重根》——迄今仍是认识论的名篇，年方二十五岁。1818年，叔本华发表了核心著作《作为意志和表象的世界》，时年才三十岁。该书层层深入、系统论述了认识论、自然哲学、美学和伦理学，构成了其哲学思想的核心，也直接奠定了其哲学大厦之基。但很不幸的是，首版印刷的五百册几乎无人问津。接下来，毫不气馁的叔本华陆续发表《自然界中的意志》（1836年）《论意志的自由》（1839年）《论道德的基础》（1840年）等著作，从而完成了对其哲学大厦的局部扩充和装修。毫无例外地，这些著作出版后也都一一遇冷，没有引起什么反响。在这之后，叔本华又花了六年时间，对之前积累的散论文稿进行了梳理和增删，并冠以《附录和补遗》之名，于1851年出版，时年已六十三岁。鉴于之前那些作品的滞销，出版商对叔本华这部封笔之作只印了区区七百五十册，且只支付十册赠书，稿酬为零。然而，正是这部著作得到了英国评论家约翰·奥森弗德的赞赏，叔本华的哲学才墙内开花墙外香，从此一举成名，并给他带来了世界性声誉——叔本华的话也终于得以应验："真理是可以等到的，因为它长久存在。"

三

　　《人生的智慧》一书即取自《附录和补遗》，它其实也独立成书。在此书中，叔本华以优雅的文体，格言式的笔触阐述了自己对人生的看法。这本书讨论的问题也与我们世俗的生活最为接近：比如财富、名声、荣誉、健康、养生，以及为人处世所应遵守的原则等。而且，叔本华罕见地放弃了其一贯的居高临下、俯视众生的态度，尽可能地从世俗、实用的角度展开表述和考虑问题。因此，这本书尤其适合普通大众阅读——尽管这世界如此错综复杂、众说纷纭，各类世俗话题、人情世故让人欲罢不能，但经过这位思想大师深刻而通透的讨论之后，无不变得清晰明了，话题也几乎穷尽矣。

四

　　叔本华同时也是一位语言大师，他的思想一贯以冷峻、简明、流畅著称，他的著作中每个字、词的使用都相当精确考究，但又不失自然；遣词造句莫不具备鲜明的思想特征和人格魅力。叔本华在进行思想推论时，其缜密的思维在细节之处一一显现，推理环节相互呼应、丝丝入扣，加上辛辣的讽刺和黑色幽默，往往都是浑然天成，没有丝毫的牵强附会。

　　我们认为，译著应该随着时代的变迁而重新定义——尤其是在价值观多元化的当代。我们坚信，无论多么艰深的理论或者思想，如果不能在当下找到回应，将最终变为故纸堆。为了让年轻的读者朋友阅读到原汁原味的叔本华的思想，我们特意在德文原版的基础上重新翻译，并将英文版作为适当参考。

　　为保持译著的完整性，本书在出版时没有作大的删改，敬请读者朋友们体谅。

　　在本书翻译过程中，如下人员提供了帮助，在此谨表谢意（排名不分先后）：

王　刚　王　丽　齐小雷　李世忠　刘　佳　杨春秀　罗园月
赵纯爱　徐小平　梁江丽　隆　琦　彭　婷　廖雯丽

译 者 序

阿图尔·叔本华（1788年—1860年）是德国著名哲学家，唯意志论和现代悲观主义伦理学的开创者。他有一句著名的语言精辟地概括了他的思想："世界是我的表象。"意思是说，意志是"我"的本质规定，而世界（包括意愿活动）则是意志的表象。其著作《论充足理性原则的四重根》《作为意志和表象的世界》《附录和补遗》就是对这个主张的论说。《人生的智慧》则是从《附录和补遗》中摘选出来独立成书的。

一个哲学家的哲学著作就是他本人这一辈子的写照。这本《人生的智慧》不是一本哲学专著，而是叔本华用既通俗易懂又优美生动的语言，表达出对人生的洞见；确切地说，是叔本华对自己一生的生活准则的总结。也正因为如此，我们可以在书中多多少少发现叔本华的影子，因为，对人生的思考，最深刻的莫过于对自己人生的反思。所以，对本书内容进行大略的解读，我们可以发现叔本华的另类的自传。

从第一章到第四章，是叔本华对自己的形而上学哲学的简单论述。叔本华将人生的基本内容分为三部分：人的自我、人的所有和人在他人眼中的样子，这其实已经隐含了他的哲学主张：人的自我（准确翻译过来就是"人之所是"）实际上讲的是意志，而第三章人的所有和第四章人在他人眼中的样子（人的显现），则是意志的

◆ **人生的智慧** ◆

The Wisdom of Life

表象。

  第五章和第六章则是叔本华对人生进行横向和纵向的论述。在这里，我们采取纵向的角度，即依据叔本华的人生的各个不同阶段，来对叔本华的一生，也是对本书进行一个整体的概观。

  1788年，叔本华出生在但泽一个世代经商的贵族家庭中。父亲海因里希·弗洛里斯·叔本华是一位善于经营的富商和银行家，性格孤僻而暴躁，严厉且忧郁，是自由思想家伏尔泰的信徒，奉行"没有自由就没有幸福"理念，向往英国式的自由民主制度。母亲约翰娜·特罗西纳·叔本华比他父亲小二十岁，是一个小有名气的畅销书作家。她聪明漂亮，开朗大方，喜欢交际，富有才情。两人的婚姻是约翰娜·特罗西纳的亲友极力撮合而成的，约翰娜·特罗西纳本人似乎并不感到幸福。叔本华说过："优厚的物质条件和狂热的爱情相结合，是至为罕见的好运。"，不过，叔本华也自称，他的性格得自父亲，而智慧则遗传自母亲。

  打从出生开始，叔本华就和母亲约翰娜迁居小城奥利瓦的庄园，父亲则整日为生意奔忙。约翰娜远离了社交圈，认为自己备受束缚，没有将心思放在叔本华身上。1793年到1797年，父亲将全家搬往汉堡，并很快结识了当地名流，母亲更是热衷往来于各种交际场中。他们也经常在家中举办盛大的舞会。于是，给叔本华留下的只有恐惧和孤独。后来，叔本华不止一次回忆自己在汉堡的童年岁月。在散步时，父母远远地走在前面，而叔本华却跟在后面"步履蹒跚"。"当时我的心中充满绝望。"他在《手写遗稿》中说，"那时我才六岁，晚上散步归来的父母，忽然发现我完全处在一种绝望的状态，因为那时我突发奇想，以为他们永远地抛弃了我。"

译者序

　　1797年，叔本华的妹妹露易丝·阿德莱特·拉维尼亚诞生。此时，叔本华将近十岁，父亲希望他成为一个精明能干的商人，也做一个有教养的绅士名流，于是把他送到巴黎和勒阿弗尔学习法语和社交技能。十二岁时，由于战乱，叔本华回到汉堡，进入培养未来商人的著名的私立龙格学校。在家中，商界名流和文艺界的雅士终日络绎不绝，叔本华对此深恶痛绝，在他们身上，他看见了商人的庸俗和文人的虚伪。所以，在本书中，叔本华主张："人们应该把他们的现有财富视为各种可能灾祸与不幸的防护墙，而非一张借此花天酒地的许可证，一个荒淫放荡的乐园。""在另外一个例子中，又有许多嘉宾，他们穿着节日服装，感受着宴会的气氛，是高贵的上层社会的社交招牌。但是，在通常情况下，代替这些嘉宾到场的仅仅是强迫、困苦和无聊。因为宾客云集之处，正是许多无赖出没之地，并且他们都在胸口别上三角星。真正的社交活动在哪里必然都是很小的。"

　　在这种社交式的家庭中，叔本华深深厌恶那些菲利斯特人（庸人）的无聊与空虚，向父亲一再请求让自己转学文科，以后走学术之路。但父亲深信文人多穷，要他子承父业，1803年，他向叔本华提出了一个两难的选择：要么在汉堡学习拉丁语，将来作学者；要么陪父母游历欧洲，回来后学习经商。年幼的叔本华经不起周游世界的诱惑，暂时放弃了自己的梦想，开始了为期两年的游历，历经荷兰、英国、法国、瑞士、奥地利、萨克森、西里西亚和普鲁士。

　　不过，这一年多的游历对叔本华大有裨益。在本书中，他写道："生活，以其全部意义，总是日新月异，在我们面前，它的面貌不因其日复一日的重复而迟钝老去。所以，在我们童年的追求

◆ 人生的智慧 ◆

The Wisdom of Life

中,尽管我们并不清楚自己追求的目的何在,但是,我们在冥冥之中,从每个场景、每个事件那里,把握生活的本质,以及生活的形态和展现的基本特征。我们观察所有人和物时,就像斯宾诺莎一样,'采取永恒的视角'。"

两年结束之后,叔本华已十七岁了,按照协定,他在但泽和汉堡的商店里做实习店员,接受商业培训。但是,叔本华并不就此回心转意,他常常忙里偷闲,看自己的书,想自己的问题。

1805年4月20日,父亲由于生意受挫,加之与约翰娜的尖锐矛盾,从家中存放货物的阁楼上跳下身亡。他为家庭三个成员每人留下了两万塔勒①的遗产。此后,约翰娜带着九岁的女儿移居魏玛,办起了一个文艺沙龙。她顶住世俗压力,邀请出身卑微的歌德夫人参加沙龙,而歌德也就成为家中的常客。格林兄弟、施莱格尔兄弟,还有舒伯特也曾参加过她的沙龙。约翰娜从此开始文学创作,发表了不少颇受欢迎的爱情小说。

由于父亲过世,叔本华变得更加孤僻、忧郁,也养成了悲观的性格。当他在垂暮之年回首自己的青春时,依然情难自已:

于是,我们眼前的世界就犹如一个伊甸园,我们所有人却都降生在阿卡甸高原。然后,我们渴望现实生活,追求成就,承担苦难,这些作为使我们深陷世界动荡之中。在其中,我们屡败屡战,也就学会去认识事物的另一面,认识它们在意愿之中的存在。随后,巨大的失望也就接踵而至,紧接着,我们幻想的年岁如烟飞逝。而我们的失望也在不断增强,乃至更加彻底。此后,

---

① 15世纪末德奥地区的通用货币单位。

译者序

我们可以说,我们的童年生活远远看去,恍如一个剧院中的舞台装饰;当我们迈向老年,这种舞台装饰也就靠近我们。

叔本华也可以自由选择自己的生活了,两年后,他踏上了学术之路。刚开始,他在哥达文科学校学习;后来转入魏玛中学,学习拉丁文、古典语文、历史和数学等。

在青春时代,叔本华的性格也反叛起来。他厌恶母亲交际花一样的生活方式,而父亲病重时无人照料,母亲应该为他的死负责。

最后,还有下面的原因让我们感受到童年的幸福:恰如初春时节,所有的叶子都有相同的色彩和几近相同的模样;我们也一样,在童年时期,所有人彼此相似,所以能够和睦共处。然而,随着青春期的到来,我们彼此的分歧慢慢出现;并且,就像圆规的半径脚一样,这些分歧越变越大。

1809年秋,从魏玛中学毕业之后,叔本华进入哥廷根大学学习。他第一学期在医学系就读,第二学期转入哲学系。他兴趣极广,涉猎化学、物理学、解剖生理学、植物学,还有天文学和气象学,甚至对占星术也有所关注,在这本书里,他还以占星术来说明人生的各个阶段。此时,叔本华的哲学老师是弗里德里希·博特维克和博特维克·恩斯特·舒尔特。在舒尔特的指导下,"神明般的柏拉图""奇迹般的康德"让他由衷的钦佩。

两年后,对哲学的痴迷使他转入柏林大学,因为他"期待认识

◆ 人生的智慧 ◆

The Wisdom of Life

费希特这个真正的哲学家和伟大的天才"，并且，当时柏林大学还有施莱尔·马赫、沃尔夫等哲学家。不过，未来的哲学家听了当时的哲学家的讲课之后，大为失望。原来被他称为"才华横溢的人"的费希特，变成"吹牛者""康德的小丑"，他还经常和费希特辩论。而对施莱尔马赫的宗教和哲学相互依存的主张，他也不敢苟同。偶像的光环被他看穿了，取而代之的是独立的哲学思考。

与独立思考相伴的，是叔本华孤傲的性格。因为在大学里，到处是奉行骑士传统的愚蠢的"荣誉人士"，他们动不动就嚷嚷着要决斗，以捍卫自己的尊严。叔本华在本书中对他们进行长篇累牍的讨伐。

归根结底，我非常清楚，政府不会真心诚意取消决斗之举。民政官员，特别是许多一般的官员（除了职位最高的官员之外），他们的收入远远低于他们的劳动之价值。结果，他们的另一半收入就由荣誉来支付了。荣誉的象征首先是头衔和勋章，其次在更广泛的意义上来说就是一般阶层荣誉。既然阶层荣誉对于决斗而言就是骁勇的备用战马，那么在大学里就有关于荣誉的预备学校了。由荣誉带来了流血牺牲，也因此支付了官员薪资的不足。

1813年，德国爆发反抗拿破仑一世的战争，叔本华离开柏林，来到远离炮火的鲁道儿施塔特。在那里，他激情澎湃，奋笔疾书，仅仅用三个月时间，就完成了博士论文《论充足理性原则的四重根》。这篇论文由此也就奠定了他的认识论基础。随后，

译者序

他将论文提交耶拿大学哲学系,并于同年10月18日拿到了哲学博士学位。

然后,他回到魏玛,参加母亲的文艺沙龙,结交许多文化名人,与歌德惺惺相惜。歌德评价叔本华说:"看吧,这个人会比我们所有人更出色。"歌德最先阅读了叔本华的博士论文,充分肯定了叔本华对直观的重视。受歌德委托,叔本华研究色彩问题,并在1816年发表了研究成果《论视觉与色彩》。

在魏玛的半年,叔本华与母亲的关系并不愉快。由于经常面对母亲的同居者,叔本华感到备受耻辱,按照他的主张,母亲应该遵守本书中的女性荣誉原则:

女性荣誉在两者中是最为重要的,因为两性关系在女性生活中的重要性不言而喻。女性荣誉是人们对一个女孩和一个妻子的一般评价:女孩绝不可未婚失身,妻子只能委身于她所嫁的男人。这种评价的重要性基于下面所说:女性渴望、并期待从男人那里,得到她所想要的和所需要的一切东西;而男性首先直接地只渴望从女性那里得到一个东西。因此,必须做出这样的安排:男人负责满足女人对他的所有要求,并承担养育双方结合所生下的孩子的责任。所有女性的福利都基于这样的安排。

叔本华可能在怀疑母亲对自己丈夫的不忠。所以,他经常嘲讽母亲的做法,两人经常唇枪舌剑。最终,在1814年5月,叔本华与母亲彻底决裂,搬到德累斯顿。

在德累斯顿,叔本华收获最大。除了和一位出身卑微的姑娘发生恋情之外，他从男欢女爱中跳出来，一下子钻进悲观的印度哲学和佛学，"在无中我希望找到一切"。《吠陀·奥义书》让他深深痴迷。叔本华接触的佛学显然是小乘佛教的内容，否则不会那么悲观；因为能够在理论上说明轮回问题的，只有大乘佛教才能做到。在奔三之年，叔本华花费四年工夫，沉思、写作《作为意志和表象的世界》，该书构建了他完整的哲学体系。1818年，叔本华在写给书商布洛克豪斯的信中信誓旦旦地宣称："我的著作是一个新的哲学体系，并且是一个不折不扣的新体系，因为这不是对某种已有的哲学体系的新阐发，而是将一系列迄今还未有人想到的思想最高度地结合在一起的一种新的哲学体系……"第二年年初，这本书刚一出版，就得到了歌德的热烈赞赏。

不过，令叔本华大为失望的是，《作为意志和表象的世界》在出版一年多后，仅仅售出一百多本，其余都被当作废纸处理。而直到1920年，学术界才有了该书的第一篇书评。叔本华愤愤不平，"我们可以看到，在塞涅卡那个年代，无赖们与卑劣同为一丘之貉。为了使佳作不为人所知，无赖们恶意地保持沉默，假装视而不见，施展压制佳作的艺术。这正如我们时代的无赖一样，他们因嫉妒而紧闭嘴巴。"于是，他就和自己的对手费希特、谢林和黑格尔较上了劲。

1820年，叔本华申请柏林大学的哲学讲师的一职得到批准；与此同时，黑格尔在柏林大学如日中天。黑格尔的哲学是严密的理性主义体系，而叔本华则是主张超理性主义的唯意志论，两者可谓针尖对麦芒。为了和黑格尔一较高下，叔本华主动向校方提出，把自己一周三次的课程安排在与黑格尔同一天同一时间段。然而，事

译者序

与愿违,在上课时,黑格尔那里座无虚席;而叔本华的课堂上冷冷清清,只有屈指可数的几个人。他开设的第一门、也是唯一一门课以失败而告终。

对此,叔本华即使到了晚年也耿耿于怀,不忘在本书中拉黑格尔来说上一顿:"但是,如果名声在逐渐消逝,如果它被时代所抛弃,那么这个名声其实不是真实的,或者说是受之有愧的,只是因为一时的过高评价而产生。它完全就如同黑格尔所拥有的那种名声。利希滕贝格对此描述说:'他被一个友好的候补委员会吹得天花乱坠,在空洞的脑瓜中响起回声。但是,后世有朝一日会敲打那奇形怪状的语言空壳,探询那空余漂亮鸟巢的时髦,请教那寓居者已死的合同,这时,所有人发现里面空空如也。那毫无内容的思想也无法信心十足地说:'请进!'对于这种名声,我们只能付诸一笑了。'"

进入而立之年的叔本华处处不得志。1822年,他灰溜溜地离开柏林大学的讲坛,到意大利去旅行。1823年,他回到慕尼黑,还忍受各种病痛。而母亲剥夺他对她的财产的继承权。1824年,他到伽施太因浴场养病。1825年,他重返柏林,1826年再次开设哲学课,而听者寥寥。在接下来的五六年时间里,他学习西班牙语,翻译些许西班牙著作,但书商拒绝将之出版。唯一值得庆幸的是,他和柏林歌剧院的合唱队员卡洛琳有一段颇久的恋情。这期间,在一次与卡洛琳久别重逢的约会中,由于女邻居、裁缝马奎特说话大声,叔本华在盛怒之下,将马奎特推下了楼梯。为此,叔本华惹上了长达五年的官司,蒙受了不小的经济损失。最终,法院判他每年付给女邻居15塔勒的终身赔偿。1831年,柏林霍乱流行,叔本华

◆ 人生的智慧 ◆

The Wisdom of Life

迅速逃离了这座被他称为"土匪窝"的城市，也从此永远结束了在大学的任教工作。"学院和哲学讲台也只不过是招牌而已，是智慧的外在假象。"叔本华的这句话听起来不无酸意。

1832年，叔本华在美因河畔的法兰克福定居，并且一住就是28年。直至去世，他都过着隐居的生活。这期间，1836年的《自然界中的意志》，1841年的《伦理学中的两个基本问题》，1846年的《作为意志和表象的世界》第二卷，这些都没有引起任何轰动。这种遭遇也最适合过一个隐居的生活了：

每一个天资优异的人，只要他并非那占了人类六分之五的庸人——大自然只赠予他们可怜的智力——那么，等到他年过四十之后，他就很难摆脱某种厌世情怀。因为他很自然地由己及人地想事情，于是就逐渐变得失望起来。他明白，无论在头脑中，还是在心理上，甚至大部分情况下两者兼而有之，别人都远逊色于他，不可相提并论，因此他也就喜欢避免与他们同流合污。因为一般而言，每个人按照自己的内在价值，对于孤独——每个人与自我的交往——有人喜欢，有人憎恶。

在法兰克福，叔本华花了六年时间，将自己所写的散文和随笔整理、润色，集结成书，命名为《附录与补遗》。1851年，叔本华的朋友与崇拜者费劳恩斯泰德说服出版商将之出版，印数只有七百五十册，而叔本华只获赠十册为稿酬。当时正值1848年革命失败之后，德意志到处都笼罩着悲观主义。叔本华在此书中的消极的"幸福学"，终于被时代所印证，在叔本华的智慧的点拨之下，

译者序

德意志的中产阶级如梦初醒。此书一时洛阳纸贵,而叔本华的名声一时传遍德意志,他的主要著作《作为意志和表象的世界》被人们争相阅读。这些,都被本书一一预言到了:"我们也可以把名声比作冬梨,它在夏天生长,在冬天的时候就可以享用。一个人,在垂暮之年,没有什么别的东西足以告慰的,只有将他年轻时的全部能力,铸造成一部作品,一部永不会随着我们老去的作品。"

年过花甲的叔本华在姗姗来迟的名声面前,性情和善了许多。不过,热闹平息一点之后,他的生活中鲜有亲朋好友造访。他生活极有规律:上午休息或写作,下午阅读,傍晚和小狗"阿托姆"(意为"世界精神")一起去散步,他在文中写道:"几乎没有哪条狗可以担得起伟大的友谊,更别提人了。"晚上他常常去剧院或者歌剧院,睡前还要阅读一会儿。

此时此刻,他的对手费希特和黑格尔,他的好友歌德,他的母亲约翰娜,他的妹妹,都一一撒手人寰。叔本华早就预料到了这些,只不过笔下少了锋芒和偏激:

人之垂暮,其根本特征就是醒悟。幻相消失了,而在此之前,它们给我们的生活带来了刺激,也促使人们去打拼。我们领悟到,世间的辉煌、奢华、荣耀,无非虚无与空泛;我们也领悟到,在我们所梦想的事物和所渴望的享乐背后,所暗含的意义微乎其微;我们最终渐渐领悟到,我们的整个生存,无非是贫乏和空虚的。只有年过七十,我们才会领会《旧约·传道书》中的第一首诗。但也正是这首诗,我们才会郁郁寡欢。

◆ 人生的智慧 ◆

The Wisdom of Life

纵观这本书，我们可以发现，在叔本华的一生之中，童年是最为值得回忆的，他也对幼年的直观认识最为看重。而青年时代在大学中，除了哲学思考，对菲利斯特人和"荣誉人士"的批判成为他的主题。在成年阶段，他诸事不顺，且没有自己的妻子儿女，于是，在这本书中，关于成年阶段的叙述几乎是一笔带过。也许还有一个原因，早在年幼时，他也许已厌倦了人际交往中的尔虞我诈和虚情假意了吧？

孤独，是叔本华一生的主旋律：在童年，缺少父母的陪伴，他害怕孤独。在青年，他不屑与菲利斯特人和"荣誉人士"为伍，"年轻人的主要课程应该是学会忍受孤独，因为孤独是幸福和心灵安宁的一个源泉。"而立之年，事业与家庭一无所成，更使他对人生心灰意冷，提前进入了晚年。美因河畔，那位老者执意偏居一隅："谁只有变老了，他才会对生活有一个完整而妥当的态度。因为对于人生的整体和它的自然进程，他不止像其他人那样，只知道入世的生活，他还鸟瞰出世的人生。然后，他借此就完全领悟到生活的虚无所在；而其他众生始终还认虚为实，误以为他们所执着的真实终将来临。"在孤独之中，叔本华把生命的本质领会成意志，孑然一身，构筑自己的哲学人生。

也正是由于没有家庭生活，感情在本书中的分量极少。不和睦的童年，夭折的恋爱，成年的困顿，这些使得叔本华带着冷峻的感情，在45岁时就开始了在美因河畔的隐居生活。而在他的这本书中，其文笔说得好听是幽默风趣，说得难听就是尖酸刻薄。"在这个世界，'用灌铁的色子玩游戏'，我们要有钢铁一样的性格，以铠甲抵挡命运的打击，以战斧对付别人的进攻。因为人活一辈子，

译者序

整个就是一场战斗,我们每前行一步,势必少不了一番厮杀。"有心的读者如果对叔本华的一生与其人品有所了解(英国哲学家罗素说过,除了对动物的仁慈之外,在叔本华一生中,很难找到任何美德的痕迹,他完全是自私的),那么,对于本书中优美华丽的文采,特别是在书的四分之三之后,读者应该自有取舍。《人生的智慧》毕竟不完全是智慧,其中有些只是亦正亦邪的小聪明而已。

在叔本华法兰克福家中的书房里,书桌上有一尊镀了厚厚一层金箔的佛像。佛像旁边是康德的半身塑像,康德(1724年—1804年)写下"三大批判",是德国古典哲学的开创者,他的影响不仅在近代哲学,更在现代哲学。其理论的主要特征是现象界与本体界互相对立的二元论,前者是感性和知性作用于其上,后者则是理论理性和实践理性的领域。在叔本华的体系中,这种二元论被发展为表象与意志的关系。沙发的上方悬挂着歌德的油画像。歌德(1749年—1832年)是当时著名的思想家、作家和科学家,为魏玛古典主义最著名的代表。其作品《少年维特的烦恼》和《浮士德》使他蜚声文坛,叔本华在本书中引用了不少歌德《西东诗集》的诗句。此外,还有英国戏剧家莎士比亚(1564年—1616年)的画像。法国著名哲学家、物理学家、数学家和神学家笛卡尔(1596年—1650年)的画像也陪伴着叔本华,同样,这位法国同行也是一个二元论者。当然,叔本华各个时期的画像,还有许多狗的雕塑也是少不了的。显然,叔本华是要想让这些超凡脱俗的思想家在他那里获得永恒的生命了。

也许叔本华还要在书房里挂上柏拉图(公元前427年—前347年)的画像,柏拉图师承苏格拉底(公元前469年—前399年),

◆ 人生的智慧 ◆

The Wisdom of Life

  建立二元论的理念论。其弟子亚里士多德（公元前384年—前322年）将古希腊的形而上学推向顶峰，也是欧洲古代科学的奠基人，他开创了逍遥学派。还有，伊壁鸠鲁（公元前341年—前270年）的画像也应该伴随着叔本华。伊壁鸠鲁是古希腊"幸福学"的倡导者，叔本华像他一样，鄙视人生的感性享乐，把幸福视为没有痛苦的生活。而伊壁鸠鲁本人所开创的伊壁鸠鲁学派在本书中也屡屡被提及。与之相反，"幸福论"所主张的人世中的幸福，在叔本华眼中，必然会导致痛苦。

  1860年9月9日，叔本华患上肺炎，他自信身体还硬朗，拒绝就医。同年9月20日，叔本华早上起床时，身体一阵抽搐，然后摔倒在地，不过并没有感到多少不舒服。第二天，叔本华像往常一样起床，用过早饭，管家打开窗户为他的房间换上新鲜空气，就退出房间。过了不久，当叔本华的医生来看他时，他已经与世长辞了。遵照叔本华的遗愿，他的墓碑上除了他的名字之外，就再没有其他文字了。

目录 · CONTENTS

引　言		001
Chapter01	基本的划分	003
Chapter02	人的自我	015
Chapter03	人的所有	045
Chapter04	人在他人眼中的样子	055
Chapter05	建议和格言	127
Chapter06	人生的不同阶段	239
叔本华生平年表		270

引　言

幸福并非易事。

若非经历一番酸甜苦辣,我们绝不可能在我们自身中找到它。

而求之于外更不可能。

——尚福尔①

关于"人生的智慧"这一概念,我完全采用了它所包含的内在含义:在这种"人生的智慧"中,它教诲人们如何尽量幸福、愉快地度过此生。关于这方面的教诲可称为"幸福学",这门学问也因此教导人们如何才能享有一个幸福的生存。从纯粹客观的角度考虑,我们应该这样定义幸福的生存:它绝对比非生存更为可取。由于这种考虑涉及主观的判断,所以它更确切地说是一种冷静、缜密的思考。从这一概念我们可以得出这样的结论:我们依靠这一生存,是因为这一生存本身,而不是出于对死亡的恐惧;并且我们期望这一生存能够万古长青。在此有一个问题:人生是否与这种生存相吻合,或者仅仅是这样:是否有人生与这种生存相吻合的可能性。

对于这一问题,我的哲学已清楚地做出否定的回答;但按照幸

---

① 尚福尔,法国剧作家、杂文家,以幽默风趣著称,深受自由思想的影响,所写格言在法国大革命期间广为流传,主要著作有《印度女郎》《士麦拿商人》,代表作品有《穆斯塔法和泽安吉尔》《格言、警句和轶事》。——译者

◆ 人生的智慧 ◆

The Wisdom of Life

福学的假设，我们对这个问题必须做出一个肯定的答复。[①]这显然基于人的一个与生俱来的错误，我在《作为意志和表象的世界》的第二卷第四十九章已经对之进行批判。

但要完成诸如幸福学这一类著作，我就只能放弃更高的、道德形而上学的立场；而我真正的哲学本来就是要引导人们拥有这种立场。因而，关于人生智慧在此的全部讨论是基于一种折中的处理之上的，所以，这种讨论就停留在日常的、以经验为准的立场，并且保留着与此立场相关的谬误。因此，它们的价值仅仅是有限的，而幸福学这个词本身就只是一种委婉说辞。另外，这些讨论还说不上完备，部分是因为，我所涉及的主题难以面面俱到；部分是因为，我只有鹦鹉学舌才能达到完备。

在我的记忆中，卡丹奴斯的那本《论逆境》颇值一读，它带有和我这本箴言书同样的目的，可以使我这本书变得完整。虽然亚里士多德在他的《修辞学》第一部第五章里插入了简短的幸福学，但那些只是老调重弹。我并没有利用这些前辈的著作，因为拾人牙慧并非我的事业。况且，如果我这样做了，那么我的书就失去了观点的统一性，而这种统一性是这类著作的灵魂。当然，一般来说，各个时代的智者当然都说过同样的话，而愚人——那些各个时代数不胜数的平庸之徒——一直做着恰恰相反的事情。因此，伏尔泰说："当我们离开这个世界的时候，这个世界跟我们刚来到的时候所发现的一样，还是照样愚蠢和邪恶。"

[①] 叔本华的意思是说，他的哲学认为人生没有幸福可言，人生归根结底无非痛苦。而"幸福学"则主张人生有幸福，那么，我们所能做的只是消除痛苦——这就是一种消极的幸福，而不像常人所理解的积极的幸福。——译者

Chapter01
基本的划分

人生的智慧
The Wisdom of Life

亚里士多德把人生的福分划分为三类：外在的、灵魂的和身体的。现在我只保留他的三分法，但我认为三项基本内容决定人类命运的差别，它们是：

一、人的自我，即在最广泛意义上属于人的人格的东西。因此，它包括人的健康、能力、外貌、气质、道德品格、智力及其教养。

二、人的所有，亦即财产和其他意义上的占有物。

三、人的显现，这显然可以理解为：人在他人眼中所显现的样子，也就是人们对他的看法。由此他人对这个人的认识产生了，并且这种认识是通过荣誉、地位和名声来体现的。

在第一项中，人与人之间的差别是大自然所设定的，由此可推断：就造成人们的幸福抑或不幸而言，这些差别比起第二、三项的差别产生更根本、更彻底的影响，因为后两项内容的差别纯粹是出自个人自己做出的判断和决定。人自身拥有的优势，比如崇高的精神和伟大的心灵，与人的地位、出身、财富等诸优势（即使这个人是王公贵族）相比，就犹如拿现实中的国王与戏剧中的国王相提并论一样。伊壁鸠鲁的第一个门徒门采多鲁斯就曾在他的著作里，为他的一篇文章冠以这样的题目："我们幸福的原因存在于我们自身之内，而非自身之外"。

诚然，对于一个人的幸福，甚至对于他生存的全部方式而言，在他自身所拥有的或已失去的东西显然才是最重要的。在此就直接有了他的内在快乐或不快乐，它们主要是他的感受、意愿和思想结果；而所有外在之物对他的快乐或不快的影响则只是间接的。因此，同样外在的事物或者关系，以及同样的环境，对我们每个人的影响都不尽相同。因为与一个人直接相关的仅仅是这个人自己的看法、感受以及意志活动。外在事物只有在引起他的看法和感受和意志活动时，才会影响到他。

每个人所生活的世界首先建立在他对这个世界的理解之上，世界的表象也因人而异。因此，一个人的世界是贫瘠、空乏和肤浅的，或是丰富、有趣和充满意义的，都视各人的头脑而定。例如，当一些人羡慕他人生活中所发生的趣事时，他们其实更应该羡慕那些人所具有的理解事物的天赋才对。在后一种人的描述中，他们经历过的事情都意义深远、回味无穷，而这一点正可归功于他们理解事物的天赋。因为同样的事件，在一个精神丰富的人看来是饶有趣味的，但在一个肤浅、庸俗的头脑里就只不过是平庸世界里面的乏味一幕而已。

在歌德和拜伦创作的、取材于真人真事的许多诗篇中，这些情形昭然若揭。愚蠢的读者会羡慕诗人能拥有那些丰富多彩的经历，而不是羡慕诗人所具有的伟大想象力——这种想象力足以化腐朽为神奇、变平凡成伟大。同样，一个多愁善感的人所看到的一场悲剧，在一个乐天派的眼里则是一个趣味盎然的冲突，可在一个冷漠的人那里又被视为一件无足轻重的事情。

现实事物亦即每个已完成了的当下之物,都由这两半——主体和客体——所组成,它们彼此……如此必然、紧密的关联,乃至像水中的氧和氢一样。当客体这一半保持完整不变时,主体那一半的改变就不可避免地使现实事物完全不同,好像客观的因素本来就不一样似的。反之亦然。由此可知,最美、最好的客体和呆滞、低劣的主体互相结合只能呈现糟糕的现实。这种情形就像在恶劣的天气下观赏美丽风景,又像用低劣的照相机拍摄这些风景。

简而言之,每个人囿于自己的意识,正如囿于自己这身臭皮囊一样,并且只能在其中自力更生。因此,外界对他帮助不大。在舞台上,有人演王侯,有人演宰相,有人演奴仆、士兵或者将军,如此等等,你方唱罢我登场。但是,这些角色之间的区别只是外在的、无关痛痒的,这些表面现象的实质莫不相同:一个又苦又累的穷戏子。

在现实生活中何尝不是如此!各人拥有的不同地位和财富,赋予了各人不同的角色,但各人的内在幸福与素质,并不会因此而产生相应的差别;相反,这些人同样是整日奔波却仍欲壑难填的蠢物。忧虑和欲望的具体内容因人而异,但它们的形式,亦即其本质,却大同小异;痛苦和忧虑的程度会有所差别,但这些差别却并不取决于人们地位、财富的不同,换言之,并不由每个人所扮演的角色决定。

因为对人而言,现在的和过去的一切事情,向来就直接是他的意识中现有的和曾经有的一切,所以,很明显,意识本身的特性才是首要的、关键的。并且在大多数情况下，意识本身比呈现在意识中的具体事物更重要。一切美妙有趣的事物，经过一个蠢蛋笨拙意识的反映，都会变得枯燥乏味；与之相反，在一个简陋的牢房里，塞万提斯却创作了他的《堂吉诃德》。

当下现实的客体这一半掌握在命运的手里，因此是可以改变的；而主体这一半是我们自身，所以，就其本质而言，它是不可改变的。因此，尽管在人的一生中，世间的一切千变万化，但人的性格却始终如一；这好比一首曲子，虽然变奏接连不断，但主旋律却保持不变。没有任何人能够摆脱自己的个性。正如那些动物，不管人们把它们放在何种环境里，它们仍然无法摆脱大自然为它们所设定的、不可更改的狭小圈子。这解释了诸如这件事：我们在努力使自己所宠爱的动物快活的时候，必须把这种努力控制在一个狭小的范围之内，这是由动物的本性和意识的局限所决定的。

人也是如此：一个人所能得到的属于他的快乐，从一开始就已经由这个人的性格决定了。一个人的精神能力尤其决定了他领悟高级快乐的能力。如果这个人的精神能力相当有限，那么，所有来自外在的努力，别人或者运气所为他做的一切，都不会使他超越对平庸无奇、像动物一样的快乐的迷恋。他只能享受感官的乐趣、舒适快活的家庭生活、低级的社交和庸俗的消遣。即使是教育，如果说它确实有什么用处，大体而言却也无法很好地拓宽我们的视野。因为最高级、最丰富多彩并最为长久的乐趣,无疑是精神上的乐趣。尽管我们在年轻的时候,对这一问题尽是做一些掩耳盗铃的蠢事,但这无济于事,能否领悟这些高贵的乐趣,首先取决于一个人的精神能力。

由此,我们可以清楚地看到,我们的幸福在很大程度上取决于我们自身,即取决于我们的个性;但在大多数情况下,我们却只是考虑运气、自己拥有的财产,或者他人的看法。当然,我们的运气也许会有好的时候;但是,如果我们有充实的内在财富的话,甚至就不会太强调运气。相反,一个蠢蛋始终是一个蠢蛋,一个呆笨的木头人至死都是呆笨的木头人,哪怕他身处天堂,被仙女簇拥着。因此,歌德说:

> 平民杂役至主人,
> 时刻谨记不能忘:
> 芸芸众生之大幸,
> 莫非自身之个性。
>
> ——《西东诗集》

对于我们的幸福和快乐而言,主体比客体重要得多,这在很多事情上可以得到证实。诚如我们所说:饥饿是最好的调味品,白发老人对少年眼中的绝色佳人坐怀不乱,乃至天才和圣徒不因俗世而舍弃他们的属灵生活,等等。毋庸置疑,人的健康远远压倒了一切外在的财富,就连一个无病无痛的乞丐,也比一个重病缠身的君王更为幸运。一个完全健康、出色的体魄,能够使人的性情温和、开朗,他的认识既清晰而活跃、深刻而合理,他的意志不但节制,而且温柔,还有,他的良知发乎内心:所有这些福分都是财富、地位所不能取代的。

如此看来,在一个人那里,他本身就比他所拥有的全部身外之物更为重要。他的自身是在他孤独时须臾不离的东西,是别人无从给予、也无从夺走的东西,其重要性远远超过别人对他的评议。一个精神丰富的人能够在孤独中,在他独特的思想和创见中,怡然自得;但对于一个冥顽不灵的人而言,哪怕永无休止的聚会、看戏、游玩、寻欢作乐,都无法摆脱那折煞人的无聊。一个宅心仁厚、温和可亲、节制有度的人,虽身陷绝境却享颜回之乐;但一个贪婪好色、嫉妒成性、卑劣无耻的人,即使富甲一方也难知足。如果一个人能够享有自己卓尔不凡、出类拔萃的精神人格所带来的乐趣,那么,对于他来说,芸芸众生所追求的大部分乐趣不足挂齿,甚至俨然成为一种烦恼和累赘。因此,贺拉斯在谈论自己时说:

> 镶花宝石、大理石、象牙、伊特鲁里亚雕像、
> 绘画、银器、紫色法袍①,
> 很多人赖之以生,
> 也有很多人不为之所缚。

---

① 天主教神职人员穿的衣服,在此比喻宗教权力。——译者

◆ 人生的智慧 ◆

The Wisdom of Life

苏格拉底在看到有人摆卖奢侈品时，说："我不需要的东西是如此之多！"

因此，对于我们的幸福生活而言，那使我们成为自我的人格，绝对是最重要和最根本的。因为我们的人格持久不变，无论在何时何地，它都会发挥作用。另外，它有别于我列出的第二、第三项的福分，如果要保存这两项的福分，那只能听天由命，但自我的人格却不会被夺走。

相对后两项福分而言，我们自身的价值可被称为绝对的。由此可知，通过外在的手段去影响、对付一个人，要比人们通常所认为的要困难。在此，只有无所不能的时间才可以行使它的权利：人在肉体和精神方面的优势逐渐输给了时间，唯有人的道德品格坚不可摧。但是，从时间方面考虑的话，后两项的福分显然就有优势了。因为相对于第一项而言，时间并不会直接夺走这些福分。

后两项的福分的另一个优势就是：因为它们都是属于客体的东西，所以，其本质决定了任何人都可以得到它们；至少人们都有获得这些福分的可能。反之，对属于主体的东西，我们确实无能为力，它们作为一种神圣的权利被赋予人们，并一成不变地为人终生所有。所以，这些格言也就一直有生命力：

日月星辰之嘉会兮，
汝承之以诞。

> 俄而向前之不休兮,
> 依律乃厚生。
> 自知己命之不离兮,
> 使知命乃先知。
> 时日永昌之难摧兮,
> 尽形乃恒张。
>
> ——歌德

因此,在这一方面,我们唯一所能做的,就是最大限度地发挥我们既定的个性。所以,生而为人,我们的愿望必须与我们的性格相符合,我们的成长必须与之相称,除此之外的事情一律避免。由此,我们必须选择最适合自身性格的职业和生活方式。

试想,一个人天生体格健壮、力大如牛,却为外在形势所迫,可能去从事某种需要长期伏案的职业,比如做一些精细、烦琐的手艺活,或者从事学术研究和其他脑力工作——这些工作需要他发挥他并不具备的能力,而他那天生的出色体力却难以施展,如果这样,这个人终其一生都郁郁不得志。更不用说,一个人虽然具有卓越不凡的智力,却无法得以一展身手,而从事一种根本施展不了他的才智的低贱工作,或者这工作干脆就是他难以胜任的苦力活。尽管如此,我们仍必须警惕,切不可高估自己的能力,尤其在我们年少气盛的时候,那可是我们生活中的悬崖绝壁。

人生的智慧
The Wisdom of Life

我所列出的第一项比起后两项具有如此显而易见的优势，可见，注重保持身体健康、培养自身才能，比一心赚钱更为明智。但我们不应该把这一说法错误地理解为：我们应该忽略生活中的必需品和安宁。不过，真正意义上的财富，亦即过多的盈余，对我们的幸福却鲜有帮助。很多富人感觉不快乐，因为他们不但缺乏真正的精神涵养，而且也没有真才实学，因此也就奢谈对任何东西的实在兴趣，而恰恰是这些兴趣，才可以使他们去进行力所能及的精神活动。

除了能满足人现实的、自然的需求以外，财富对我们真正的幸福没有多大影响；毋宁说，我们囤积这些财富，并且为了保存这偌大家产，不可避免地要劳心费神。诚然，与我们所拥有的财富相比，我们的自我对于幸福而言，有着毋庸置疑的作用。然而，常人对发家致富的打算，比之精神教养，前者的干劲是后者的千百倍。

因而我们看到，很多人在名利场上寝食难安，生如蝼蚁，日夜奔波，只盼自己现有的财富增值再增值。一旦涉足狭小铜板之外的世界，他们就一无所知：他们的精神如此空虚，乃至对其他一切事物无知无觉。他们难以企及精神的极乐：他们用很少的时间，花大把的钱，让自己享受短暂而感性的口腹之乐，徒劳地以之取代精神上的愉悦。临终时，如果运气好的话，他们真的会挣到一大笔财产——他们此生的成果——那么他们就会把这份财产留给自己的继承人，以钱生钱，或者任意挥霍。就连死到临头，这种人都板着一副严肃阴沉的脸,但骨子里其实庸俗不堪,与其他自吹自擂的人毫无差别。

所以,人的自我所具备的素质,对他的幸福来说才是最根本的。正因为在通常情况下,人的内在自我如此贫乏,以至于那些已经解决温饱问题的多数人,终究还是觉得生活无味,而与那些还在为养家糊口而打拼的人一般无异。他们内在空虚、意识呆滞、精神贫乏,这迫使他们涉足风月场。"物以类聚,人以群分",他们聚在一起,打猎、消遣、闲谈。他们以声色犬马的享受开始,以追风赶月的空虚结束。不少纨绔子弟刚刚开始享受人生,就穷奢极欲,其青春灰飞烟灭之际,正是其祖传遗产付之东流之时。这种做派,究其根源,无他,正是无聊,它源自刚才论及的精神的贫乏与空虚。

一个金玉其外、败絮其中的富家子弟步入这个花花世界,会努力用外在的财富,徒劳地去弥补内在的贫乏,他想借此从外部得到一切,这就好比白发老人试图以黑发少女的汗水去强健自己的体魄。因此,一个人精神上的贫瘠,最终亦将导致其在财富的贫乏。

至于另外两项人生福分的重要性,则毋庸赘言。时至今日,资财的价值众所周知,用不着为其吹嘘。但与第二项的福分相比,第三项的福分具有一种微不足道的特点,因为它全由他人的意见而来。虽然每个人都可以争取到荣誉,亦即良好的名声,但社会的上流地位则只有宦官才能窥视,威望显赫的人更是少之又少。在所有这些当中,荣誉是不容侵犯的；显赫的地位则是人人艳羡的无价之宝、万中无一的金羊毛；相反，只有傻瓜才会把社会地位看得比财产更重要。

此外，第二项与第三项有一种人尽皆知的相互关系。彼德尼斯说得很对："如果你拥有某种东西，那么别人将视你与此东西等价。"反过来看，他人以任何形式对我们所做出的有力评价，都将有助于我们获取财富。

Chapter02
人的自我

◆ 人生的智慧 ◆

The Wisdom of Life

我们已大体知道，对于一个人的幸福而言，人之自我与人之所有和人之显现相比，有更多助益。人之自我，以及由此而具有的自身素质，总是要优先考虑的：因为他的个性时时刻刻、无处不在地伴随着他，并将他所有的经历都涂上色彩。在各种各样的经历之中能够享受多少快乐，那要靠他自己：在肉体方面的快乐是如此，在精神方面亦然。因此，英文中的说法"to enjoy oneself"（自得其乐）是一个恰如其分的表达。例如，借助这个表达，人们会说"他在巴黎自得其乐"，而不说"他享受巴黎"。

然而，当一个人的个性不健全的时候，所有的享受就像美酒入苦口。因此，除了严重不幸之外，一个人是幸福还是艰辛，不取决于他生活中所遇到的或得到的东西，而在于他如何应付它们，以及感受它们的方式和强度。一个人的自我以及自我所拥有的东西，简而言之，一个人的人格及其价值，是唯一直接影响他的幸福与财富的东西。而所有其他东西都是间接的，其效用也会被瓦解掉，但人格的作用永远不会这样。这也就可以说明，为什么由人格所招致的嫉妒最难平息——嫉妒是最被刻意隐藏的。

进一步说，人生在世，意识的构成是最为持久，也是最为牢固的；而在每一刹那中，性格持续不断地有或多或少的作用；与之相反，其他东西始终只是偶尔无关紧要地与我们有关，甚至会屈服于外界的变化。因此，亚里士多德说："可靠的是本性，而非金钱。"

Chapter02 | 人的自我

　　同理，与那些咎由自取的不幸相比，我们比较容易忍受纯粹来自外界的不幸：因为运气可以改变，但我们自身的性格却坚如磐石。因而，对我们的幸福而言，主观的福分，比如高尚的品格、精明的头脑、愉快的情操、乐观的性格、健康良好的体魄，总之，身心和谐健康既是第一位的，也是最重要的。因此，较之拥有外在的功名利禄，我们更应该注意提高、维护我们的身心和谐健康。

　　在所有这些福分当中，乐观的性格对幸福最有直接帮助，因为这一良好素质本身是即时兑现的奖赏。一个心怀喜悦的人总是有喜悦的理由，即他的本性。其他任何福分完全无法替代这种素质。对于一个年轻貌美、既尊且贵的人，如果你想判断他是否快乐，只需要问：他是否乐观？如果他是乐观的，那么他是年轻还是年老，是直背还是驼背，是赤贫还是富有，这些都无所谓。我年轻时曾翻开一本旧书，看到这样一句话："笑口常开的人有福，以泪洗面的人是不幸的。"这是通俗易懂的话，虽然它近乎老生常谈，但由于蕴含在它之中的朴素的道理，我却时时谨记。

　　所以，当快乐降临，我们应该敞开大门欢迎，因为它的到来从未不合时宜。但现实恰好相反，我们经常盘算着是否接受它的到来：我们是否有理由去满足现状；又或者，因为我们害怕自己太乐观，这样会妨碍我们进行严肃思考和细心筹划。但是，我们如此谨小慎微，明哲保身，其结果是很不可靠的；而快乐却是直接的收获。它才是幸福的钞票，而不

人生的智慧
The Wisdom of Life

像其他东西只是空头支票，因为只有它才使我们在现实中得到幸福。它对于生存而言是至高福祉，生存的现实性体现在两个无限时间之间的不可间断的当下。我们要比其他追求更优先考虑去"培植"、收获这种福祉。

显然，最无助于乐观的是钱财，最有利于乐观的是健康。在低等阶层、工人阶层，特别是农民阶层，我们可以看到快乐自足的神情；但在那些家财万贯、特权加身的阶层那里，我们看到的是居于豪宅之中却郁郁寡欢的可怜人。由此，我们应该首先努力去维护完整健康的制高点，因为只有这样才能盛开乐观之花。为此，我们当然就要严禁声色犬马之娱，降服暴躁不安的情绪，不要太绞尽脑汁地思考，每天至少在室外进行两个小时的快速运动，勤洗冷水澡，饮食有度。没有日常的适度运动，人就无法保持健康。

生命的所有过程，无论它们是在身体的具体器官中，还是在全身进行，为了保持自身的功能完整，都要求运动。对此，亚里士多德说得好："生命在于运动。"生命在于运动，并且在运动中有其真义。身体组织内部存在着片刻不停地快速运动。心脏在其复杂、重复的收缩与舒张中有力而不倦地跳动；每跳动28下，它就把足量的血液推送到全身大大小小的血脉一次。肺像一台蒸汽机一样，一刻不停地抽动。大小肠像虫子一样互相缠绕着，蠕动不止。所有腺体始终在吸收和分泌。伴随着每一次脉搏与每一次呼吸，大脑也在加倍运动。

这样，如果人总是不进行外部运动（很多长期伏案工作的人是如此），那么在他身体表面的安定与身体内部的活动之间，就出现有损健康的明显失调。因为长期的内部运动也需要外部运动来支撑。这种失调与此类似：由于某个情绪波动，我们的五脏六腑就翻滚起来，而根据身体外部征兆，我们却无法看到这些。即使是一棵树，它为了生长，也需要风的摇动。此处所适用的规则，用拉丁文简洁地说就是："运动越快，它就越是运动。"

我们的幸福是如何依赖于我们的乐观情绪，我们的情绪又是如何依赖于我们的健康状况，这些可以通过比较以下现象看出来：同一外部环境或事件，对我们健康强壮之时的影响，与对我们在因生病而苦恼之时的影响，两者截然不同。使我们幸福或不幸的，不是客观的现实事物，而是我们看待他们的方式。这正如爱比克泰德所言："不是事物，而是对事物的看法影响人。"但是，一般来说，我们的幸福十中有九是由于健康的缘故。有了健康，所有事物都是享乐之源；反之，没有健康，纵使可乐的外部福分，乃至其他主观福分——精神、心灵、性情的禀赋——都因疾病而黯然失色、毫无生气。所以，人们一见面，就首先彼此问安，互祝健康，这不是没有理由的：这毕竟对于人的幸福而言是头等大事。从这里我们可以看到，为了其他福分——财富、晋升、学问、名誉，更别提肉欲与一时贪欢——牺牲自己的健康，这是最为愚蠢的事。为了健康，我们更应把其他福分搁在后面。

虽然开朗的性格对健康的贡献是根本性的，但后者并非完全依靠前者：因为即使一个人完全健康，他也可能性情忧郁、终日消沉。无疑，这最主要的原因在于，他的身体素质生来就难以改变；更确切地说，是因为在他身上，敏感与烦躁这两种情绪易走极端，新陈代谢能力容易失衡。敏感的异常状况，会导致情绪失衡和过分乐观的恶性循环，使人笑颜难展。因此，天才的禀赋得益于超常的神经作用，亦即超常的敏感性。对此，亚里士多德说得非常好："所有卓尔不凡、才智超群的人，莫不性情忧郁；所有那些在哲学、政治学、诗歌，或者艺术方面有奇才的人，看起来无不郁郁寡欢。"而西塞罗经常引用的这句话，说的也是亚里士多德的这个观点。这里对基本情绪的先天差异的考察，在莎士比亚那里有生动传神的描述：

> 大自然造就了奇怪的人，
>
> 有些人总是从他的小眼睛向外窥探，
>
> 像看见风琴手的鹦鹉一样笑；
>
> 有些人愁眉苦脸，
>
> 乃至笑了也不想亮出他的牙齿，
>
> 即使德高望重的长者认为有些乐事很可笑。
>
> ——《威尼斯商人》

柏拉图用悲观者和乐天派来说明这种区别。在遇到快乐或不快的事情时，不同的人的感受截然不同。有些人对这些事情报之以笑颜，另一些人则迅速陷入绝望之中；确切地说，对快乐影响的感受越弱，对不快影响的感受就越强，反之亦然。一件事情的结果可能好坏参半，悲观者看到不好的一面，就会生气、苦恼，但看到好的一面也高兴不起来；乐天派则不然，即使面对不幸也不改笑颜。悲观者纵使完成十个计划中的九个，他也不会为此高兴，而会为那个失败的计划而懊恼；乐天派的情况相反，即使只完成其中的一个计划，他也会因此得到安慰，并为之欢欣鼓舞。

不过，要找到一件没有任何补救的潜在的坏事也不容易，凡事有利必有弊。在这里也一样，性格阴郁、忧愁不安的悲观者所遇到的不幸与苦难，与快乐无忧、无所事事的乐天派所遇到的相比，更富于想象，更与现实远离。因为他们凡事总往坏处想，总是害怕最糟糕的事情，所以他们不愁没有余粮；比之于那些粉饰太平、好高骛远的乐天派，悲观者的失算更少。

但是，如果天生的悲观者被神经系统或者消化系统的疾病所困，久治不愈，继而这些疾病变得愈加严重，那么长期的苦痛就会催生他的厌世情绪，乃至产生自杀倾向，甚至最微小的不适都可能使他去自杀。最坏的事可能都不会导致他这样做，反倒纯粹是因为持久的苦痛，迫使他选择结束自己的生命。他甚至如此深思熟虑、果敢决断，以至于虽然他们大多数被安置在有特殊看护的医院里，但是一出现片刻无人看管的情况，他们就毫不迟疑、毫无挣扎且绝不害怕地去抓住每一个对他自然、顺手的轻生手段。在埃斯基罗尔的《精神疾病》中，有关于这种状况的详细描述。

当然，在特定的情况下，即使最健康、最乐观的人也会选择自杀，例如苦难之巨大，或者最不可避免的不幸降临，他们超越了对死亡的恐惧。差别仅仅在于，导致自杀的诱因有不同程度，这种程度与悲观情绪成反比。诱因的程度越大，悲观情绪就越少，最后可能减少为零；反之，乐观情绪越强烈，其所带来的健康状况越好，那么就需要更多自杀诱因。所以，在自杀的两个极端之间有无数种不同层次的情况，一端纯粹是天生的悲观情绪所导致的疾病恶化，另一端是自杀者虽然健康、乐观，但完全因为客观事情而选择自绝于人世。

健康与美貌或多或少关联在一起。虽然这种主观优势对我们幸福的影响不是现实而直接的，它通过使别人印象深刻而间接起作用。即使是男人，美貌对他们也很重要。美貌是一封公开的介绍信，借此我们俘获了他人的心。《荷马史诗》的诗对此说得很好：

> 神的无上礼物不容藐视，
> 没有人能够随意窃取。

略加思考，我们就看到人类幸福的两个敌人：苦难与无聊。再进一步，我们就会注意到，从使我们幸福的条件来看，当我们远离这两个敌人中的一个时，我们就会靠近另外一个，反之亦然。因此，我们的生活实际上就在这两者之间或强或弱地变动。这是由于这两个敌人处在一个双重的敌对状态之中，一个是外在而客观的，一个是内在而主观的。也就是说，困境与贫穷产生痛苦，相反，安逸与富余产生无聊。因此，我们看到，低下的平民阶层与苦难，乃至痛苦，进行漫长的斗争，富有的上流阶层则要不停地与无聊进行绝望的斗争。

内在且主观的对立基于以下事实：一个人对苦难的感受性与对无聊的感受性成反比，这是由他的精神能力的限度所决定的。换言之，精神笨拙是完全与感受笨拙和情绪不振联系在一起的，这种笨拙使人较少体会到各种不同强度的痛苦和悲伤。精神的笨拙还产生了内在的空虚，这在无数人的脸上可以看得出来，正像他们老是对外部鸡毛蒜皮之事津津乐道一样。

内在的空虚是无聊的真正根源，并且，为了使精神和心灵通过某种东西运动起来，它老是渴望外部刺激。这些人对任何刺激的选择都不感到厌恶，从他们不放过任何打发时间的糟糕方式那里，人们便可以略窥一二，还有他们社交和谈话的方式，而那些整天站在门口说长道短的人，那些在窗口窥视的人，更是如此。人们之所以产生对社交、消遣、玩乐的追求，产生形形色色一掷千金的奢侈，以及由此导致的不幸，主要就是因为他们内心空虚。

使我们免于这种不幸的，不是别的，正是内在财富，精神的财富，这种财富越是卓越，无聊就越是没有藏身之地。思想的活力永不枯竭、日新月异，它们赏玩内心与外界的丰富多彩的现象，具有将之进行重新组合的能力与冲动。如此出色的大脑，除了松弛的瞬间，达到了无聊所无法企及的境界。

但在另一方面，高度的智力以高度的敏感性为直接前提，以日益强大的意志为根本，从这两者的结合中，人们激发出更强烈的激情，感受也更加敏锐。借此，人们对抗精神的，甚至肉体的痛苦，乃至对抗因阻碍，或者仅仅是因干扰而产生的更大的不耐烦。然后，那些因强烈的幻想而产生的全部表象之活力，就大大增强了，这些表象甚至既令人生厌又难以抗拒。虽然我们所说的这些情况在程度上有所不同，但它们适用于所有人：下至最愚蠢的笨蛋，上至最聪明的天才。我们可以看到，不管是在主观方面还是在客观方面，如果一个人越靠近人生苦难的一端，他就越远离另一端。据此，他的天性在这一方面指引他使客体尽可能符合主体，也就是说，为了避免对苦难和无聊的强烈感受，他采取更强有力的防护手段。

　　精神丰富的人致力于远离痛苦和烦扰，追求严肃、安宁和清闲，过一种既安静、自在、远离痛苦，又充实的生活。因此，在洞察世人的里里外外之后，他会选择隐居，并且，凭借强大的精神，他甚至选择孤独。因为一个人自身所拥有的东西越多，他对外在之物的要求就越少，就越不会太在意其他事情。这意味着一个拥有精神卓越的人因而也就不喜交际。确实，如果社交的质量能被数量所取代，那么也值得在这个大千世界忙碌一场；可惜的是，哪怕一百个臭皮匠聚在一起，也赛不过一个诸葛亮。

　　另外一个极端与此相反，一个人一旦免于贫困，便不惜一切代价去寻欢作乐，唯恐孤身独处。因为独处时，每个人将会反躬自省，他自身所拥有的东西会因此暴露无遗。因此，蠢材背着自己的可怜个性这个不可推卸的重担，日夜呻吟；而天才纵使栖身于最荒凉的环境之中，也能使之生气勃勃。故而塞涅卡说得极为精妙："所有愚人都因厌烦自己而饱受折磨。"这正如耶稣的名言："愚人生不如死。"我们发现，大体而言，一个人的交际有多么庸俗，他的精神就有多么贫乏与平庸。因为人生在世，无非是要么选择孤独，要么选择平庸。黑人是最擅长交际的人，正如他们总被智者所领导。法国报纸曾经有报道说，北美洲的黑人，不论是自由人或是奴隶，都喜欢扎堆锁在极小的地方，因为他们习惯仰人鼻息。

大脑寓居在人体中，是寄生虫，抑或福利的领取者。它是每个人辛勤所得的自由闲暇之地，在此，闲暇使每个人意识到他的意识的自由的享乐与个性。它也是人整个生存的结局或硕果，而人的生存无非辛苦与劳作。但大部分人的自由闲暇带来了什么呢？除了感官之娱的无聊与愚蠢，就是生活之无趣。阿里奥斯托说过，人们打发闲暇的方式有多么无聊，人们的生活就多么无价值。庸俗之人仅仅考虑如何消磨时间，而怀才在身之人则考虑如何利用时间。无聊之人饱受简单头脑之限，他们的智力也就不能做别的，只能沦为他们冲动的意志之工具。因此，如果暂时没有诱因让意志起作用，那么意志将偃旗息鼓，智力也无可发挥。不同于意志，智力需要凭借外在条件的刺激才能运作，结果庸人就可怕地压抑自己全部的能力，陷入无聊的境地之中。

为了应付这些无聊，人们偶尔会以琐碎而随便的动机为借口，去刺激意志，而意志进而奴役智力，并将智力所想之事付诸实践。这些动机与真实而自然的动机相比，就如同纸币比之于白银;因为前者的有效性是在无意间被意识到的。诸如打牌等游戏就是为这样的动机而发明的。没有了这些游戏,思想狭隘的人就拿触手可及的东西来敲敲打打。一支雪茄对他也是一个很不错的代替大脑活跃的东西。因此,打牌成为社会的主要事务,这种情况在所有的国家都一样。它是无聊的价值之标志,也是所有思想声明破产的先兆。因为它毫无思想交锋可言,人们仅仅是想赢牌,试图将玩家的钱收归己有。唉,可怜的人!

我不想有失公允地压制这种想法,即我们或许可以为打牌做出如下辩解。打牌也不失为日后进入世俗生活与社会生活的一种演习,只要我们通过玩牌,就能学到如何精明地运用那偶然且不可更改的既定手气(牌局),尽可能从别人那里捞到更多好处。为了做到这一点,人们要养成伪装的习惯,即使抓到一手臭牌,也要绽放灿烂的笑脸。

恰恰在另一方面,打牌也有使人堕落的危险。这种游戏的精髓无他,只在于竭尽所能——不管是捉弄他人还是玩弄诡计——从别人那里赢得自己想要的东西。然而,在游戏中所形成的习惯在人们身上扎了根,蔓延到现实生活中,于是,人们逐渐在处理人与人之间的事务上也这样做,乃至认为只要法律允许,自己就可以最大限度地利用自己的优势去谋取所需。这样的例子在市民社会中日复一日地上演。

因为,正如我所说,自由闲暇不仅是每个人存在的花儿,更是每个人存在的果实。只有自由闲暇才能使人享有他的独特的自我,因此使人自身丰富而充实,这种幸福才值得称赞。然而,对

Chapter02 | 人的自我

大多数人而言，自由闲暇只会使他们成为一个碌碌无为的傻瓜，整天无聊透顶，成为自己生命的累赘。所以，我们应该庆幸："亲爱的兄弟们，我们不是奴仆之后，而是自由之子。"

简而言之，一个国家很少需要进口，或者根本无须进口，这就是最幸运的国家；人也如此，一个人自有其足够的内在财富，就很少需要外部的帮助，或者能够自立更生。因为这种舶来品不但价格不菲、依赖他人、带有风险、引来麻烦，而且到头来成为本国产品的低劣代替品。

因此，人们不能对他人与自身之外的东西有太多期待。一个人对另一个人的帮助是极其有限的，每个人最终只能依靠自己。因为人的本性最为关键。在此，歌德在《诗与真》中的那句脍炙人口的名言也有效："所有事物终究都要溯本追源。"或者正如奥立弗·高尔斯密所说：

> 无论身在何处，
> 我们自己的幸福，
> 只能由我们自己去创造，去发现。

因此，最丰富多彩的资源只能是每个人的自我，由每个人的自我来造就。他越能成就自我，并据此越能够在自身中挖掘到自己快乐的根源，他就越幸福。亚里士多德的这句话可以说是至理名言："幸福属于自足者。"因为按照其本性，所有幸福与快乐的外在来源，最不确定、最为困难、最为短暂，受制于种种偶然情况。因此，它们即使在最有利的情况下，也有可能轻易地消失殆尽。诚然，只要这些情况不为我们所控制，那么它们就无可避免地消逝。

当我们垂垂老矣，几乎所有的外部幸福必然走向终结。因为此时，风花雪月、嬉笑怒骂、打猎出游、社交激情，都离我们而去；甚至亲朋好友也撒手人寰。所以，一个人自身拥有的越多，他就越幸福。这些是人所拥有的最长久的东西。

无论在任何年龄段，人自身所拥有的东西才是、并一直是幸福的真实而唯一的源泉。我们在这个世界上一般所获无多，它到处充斥着贫困与痛苦。即使有人摆脱了贫困和痛苦，无聊仍在他身上的每个细胞中埋伏。此外，邪恶通常占据主导地位，愚蠢最有话语权。命运是残酷的，人们甚为可怜。一个内在精神富足的人，生活在这样一个世界里，就像在十二月之夜的漫天冰雪中，拥有一间明亮、温暖、欢乐的圣诞小屋。据此，拥有一个杰出且丰富的个性，尤其是拥有一个伟大的精神，是世界上最幸运的事，哪怕它最终如巨星陨落，结局未必幸福。

瑞典克里斯汀女王刚刚十九岁时，仅仅通过笛卡尔的一篇文章，还有一些道听途说来认识笛卡尔。这位哲学家与孤独为伴，已经在荷兰生活了二十年。对此，女王说过一句充满智慧的名言："笛卡尔是所有人中最幸福的一个，他的生活智慧让我由衷地羡慕。"正如笛卡尔的情况一样，外在环境必须足够优渥，人们才能拥有自我本身。因此，《旧约·传道书》说："智慧加上家业就有福了，喜见天日的人必得智慧相助。"

仰仗大自然和命运的恩赐（这种命运只是微薄的运气）

的人，他会小心谨慎地照看他的幸福，确保它的内在泉源畅通无阻。为此，独立与闲暇是有必要的。故而，他会乐意过着一个节制、俭朴的生活来换取它们；其他人则与他截然相反，受制于享乐的外部泉源。他不因别人的诱惑而对世上的职位、金钱、厚利和荣誉有所指望，也不因向低俗的欲望与卑劣的趣味妥协的企图而出卖自己。如果面对这种情况，他就会遵照贺拉斯在写给梅塞纳斯①的信中所言去做。

为了追求外在福分，而抛弃内在品质，也就是说，为了谋取荣耀、地位、豪华、头衔与名声，将自己的安宁、悠闲与独立大把葬送：这是最愚蠢的人。歌德就干过这种事。而我以我的天才，坚定不移地走向另一条路。

我在这里所讨论的真理，即无限幸福主要源于人自身的内在品质，已经被亚里士多德正确地阐明了。在《尼各马可伦理学》中，亚里士多德说："任何享乐，都以某种活动或者施展某种能力为前提；没有这些，享乐就无从谈起。"一个人的幸福存在于他的引人瞩目的不可阻挠的实践中，这些亚里士多德主义的学说，与斯托拜乌对逍遥学派伦理学的论述一致。他说："幸福就是各人根据各人的天资高低，发挥能力，积极行动，获取成功。"在此，他对"能力"做出了一个根本的规定：为了使人类能够与包围他、折磨他的贫困做斗争，大自然武装人类所使用的东西就是能力。如果这场战争一劳永逸地结束了，那

---

① 罗马帝国奥古斯都的谋臣，著名的外交家，同时是诗人、艺术家的保护人。

么这些能力就无处发挥，对人来说变成了负担。因此，他必须拿这些能力去挥霍，换言之，去毫无目的地使用这些能力；否则他将立刻陷入人类苦难的另一个根源①。

达官显贵最受这些苦难的折磨，对于他们的痛苦，卢克莱修已经有一段描述，一针见血地说出他们的遭遇；时至今日，人们在每个大城市都有机会看到这种情形：

> 他经常离开舒适的豪宅。如果他待在屋子太久，心生厌烦，他马上又走出家门。然而在外游荡并未让他感觉更好，他重返家中；或者他骑马飞速赶往乡间别墅，就好像屋子着了火，他必须前去抢救。可他刚刚跨过门槛就哈欠连连，于是蒙头大睡，试图忘记一切；又或者他再一次回到城市，在那儿自娱自乐。

这些公子哥在年轻的时候，难以控制自己旺盛的体力与情欲，但在年老之时，唯有精神能力得以留存。到后来，他们失去了精神能力，或者精神能力没有充分发展，以致没有为谋生学得一技之长，结局自然相当悲惨。因为既然意志是唯一无法摧毁的能力，那么他们就受激情的刺激——比如豪赌这种必然诱人堕落的恶习——而被鼓动起来。

---

① 叔本华的意思是，人类苦难有两种：无聊和贫困；前者的根源是一个人不用为生计所愁而去浪费生命的能力；后者的根源则是一个人的命运和个性。——译者

一般而言，每个无所事事的人会根据自己的现有能力，选择与自己的特长相符的玩乐方式，比如打球、下棋、打猎、画画、赛马、赏乐、打牌、作诗、研究纹章学或者哲学等。我们甚至可以系统地研究这些爱好，借此反思所有人类能力之外在表现的根源，这也就是三种基本的生理能力。据此，我们可以观察到在它们中不带任何目的的玩乐，它们是三种可能的享乐方式。每个人具备这种或者那种能力，据此从这三种方式中选择与自身相适应的生活方式。

首先是人类新陈代谢的能力所带来的乐趣，它包括饮食、消化、休息和睡觉。在一些国家，这些快乐被所有人认可为全民性娱乐活动。

其次是发挥体力所带来的乐趣，它包括散步、跳跃、摔跤、跳舞、击剑、骑马以及类似的体育活动，它们就像狩猎活动一样，甚至出现在格斗与战争中。

第三类是心灵感受的乐趣，它包括观察、思考、体验、赏诗、绘画、奏乐、学习、阅读、冥想、发明、哲思等。

关于不同乐趣的价值、层次和相对作用，有各种各样的见解，读者自会补充。

每个人都明白，我们的乐趣总是以自身能力的运用为前提，而幸福是由于乐趣的经常重复。幸福越大，那就要求作为前提的能力也越高级。心灵的感受比人的另外两种基本生理能力更为优越，人的这两种基本生理能力在动物身上也同样存在，甚至比人类更强。与动物相比，人在心灵感受方面拥有绝对的优势，也是人远胜于动物之处,这种优势没有人会否认。心灵感受属于我们的认识能力,因此这种优势使我们享受认识的乐趣,亦即所谓的精神乐趣。心灵感受越强,那么乐趣就越大。①

要想使凡夫俗子乐于去做一件事,就得激励他的意志,使他对这件事产生兴趣。然而,对意志的持续刺激并非纯粹

---

① 大自然的演进周而复始。它首先从无机界的物理作用和化学作用,进化到植物及其沉闷的自我享受,然后进化到动物界。在动物界阶段,大自然的理智和意识逐渐出现,并从这脆弱的起点一步一步攀升,最终跨出最后的、伟大的步伐,人类出现了。在人类的理智中,大自然达到了它发展的顶峰和目标,献出了它所能够带来的最完满的杰作。甚至在人与人之间,也表现出许多显著的差别,只有极个别人达到了原本的高智慧。但是,这种智慧在最狭窄、最严格的意义上是大自然最难、最高的产物,因此也是最罕见、最有价值、最能反映世界的产物。

在这样一个智慧中,最清醒的意识出现了,并且在那里,世界看起来比任何地方都明了、完整。由此,在意识的才具中,存在世界上最高尚、最珍贵的东西,与此相应,它们也拥有享乐的一个源泉,与这个源泉相比,其他东西显得微不足道。这些才具除了要求悠闲,就无须任何外在的东西,它拥有为自己的拥有而怡然自得,任何金刚石也无法将之磨灭。因为所有其他非理智的享乐方式是低下的,这些享乐完全超出了意志活动的范围,超出了意愿、希望、恐惧与所得的范围,同样超出了限定它们的东西。它永远无法摆脱痛苦;此外,在一般情况下,除了这些享乐的满足之外,失望也或多或少地产生了;而不像真理那样,借助理智的享乐变得明晰起来。在理智的范围之内,没有痛苦存在,相反,理智所有的东西都是认识。所有理智的享乐只能使人受益,确切地说,人按照自身的理智来享乐。因为,倘若一个人自身一无所有,那么,世界上的所有精神在他看来毫无意义可言。

但是,一个现实的人,他的优点同时也是他的缺点。在整个大自然中,一个人因其智力水平的提高,对痛苦的感动也随之攀升,因而随其智力达到了最高限度。

只有好处,换句话说,这涉及痛苦。当一个人寻找一个有意的刺激,确切来说,借助微不足道的兴趣,甚至这种兴趣只是暂时而简单的,我们就可以发现其真正的痛苦。这种兴趣就是在上层社会无处不流行的纸牌游戏,它只是对意志的一种无关痛痒的刺激。①

反之,拥有卓越精神能力的人能够激情万丈地纯粹去认识事物,而那虽有一腔热血、但内心贫乏的人,全然无法触动到他。这种认识活动使他处在一个与痛苦绝缘的地方,一个与神偕乐的仙境。而其他人的生命在混混沌沌的日子中流逝,在他们看来,创作与奋斗对个人福利没有半点助益,他们也因此难逃各种各样的苦难。一旦他们停止为那些目标去奔波,面对那真实的自我,他们就被不可摆脱的无聊所俘获。对此,只有情欲的狂野烈焰,才能为这等暮气沉沉的愚昧大众带来一些活力。

---

① 庸俗的根源在于,在意识中,意愿活动彻底压倒了认识活动,乃至认识活动彻底底底沦为意愿活动的走卒。当意愿活动用不着使唤认识活动的时候,意志也就无须激起认识活动的大大小小的动机,也就完全没有认识活动的余地了,结果,思想就空洞无物。人的意愿活动没有认识,这是最为常见的事情。这种事情尤其发生在木头人身上,至少他脑子卡壳的时候,这种事就暴露无遗。由此,在他身上就冒出了种种庸俗之态。在这个状态中,只有我们的感官和处理材料所需的微弱理解力,才会保持运作。于是,平庸之辈往往固执于由此得来的所有感官印象。他像一只动物,眼观六路,耳听八方,哪怕是最细小的声音、最不起眼的状况,片刻也休想逃出他的注意力范围。这种庸俗在他的脸上、身上,一目了然——当他满脑子的意志越低俗、自私、卑劣,他的模样给人们所留下的印象也就越令人作呕。

在另一方面,具备超凡脱俗的精神能力的人,拥有一个思想丰富、生机勃勃、充满意义的生存。他为有价值、有趣味的事情操劳,一旦他沉浸于其中,他将在自身中赢得高尚的享乐的一个泉源。赋予他以外在刺激的,是大自然的杰作,以及对人类事业的考察,还有各个年代、各个国家的天才的不同成就。这些东西实际上只有他才会完全享受,因为只有他才能完全理解它们,感受到它们。由此,在他那里,所有那些东西都获得了永恒的生命,它们真正向他敞开自身;而其他人作为临时的看客,对此只是一知半解而已。

当然,为了做到这些,他比别人多一个需求,一个去学习、观察、研究、冥想、实践的需求,因此也是一个自由悠闲的需求。因为,正如伏尔泰的教诲所言:"没有真正的需求,就没有真正的快乐。"这样的需求是他能够享受属于他自己的快乐的条件,尽管这种快乐被其他人弃而不顾。丰富多彩的自然之美、艺术之美与精神杰作,即使它们在那些凡夫俗子的世界中无处不在,也毕竟只如暮年老朽眼中的青春佳人。由于其思想,一个人蒙神垂爱,除了过自己的私人生活之外,还过另外一种生活。这种生活是一个理智的生活,是他生活的真正目标,为此,他将私人生活视为这个目标的手段;而其他人必然将肤浅、空洞、苦恼视为自己生存的目标。

这种理智的生活成为他尤其热衷的事业。通过观察与知识的持久积累,它里面的内容保持有机联系,并稳定提升,变成一个越来越完善的整体和成就,就像一件逐渐完成的艺术品。与此相比，那种世俗的、纯粹追求私人福利的生活，只在宽度而不是在深度有所增长，则显得极为可悲。正如我所说，它虽然对自身目标有所助益，却只是理智生活的手段而已。

我们现实的世俗生活如果没有激情的刺激，将是无聊、乏味的；如果激情刺激了它，它立马变得苦不堪言。因此，只有智力超常的人才是快乐的，而这种超常的智力超过了意志所需要的限度。只有这样，他们才能在自己的世俗生活之外，过上一个没有痛苦的理智生活。他们兴致勃勃、全副身心地投入其中，并自得其乐。仅仅是闲暇，也就是理智并没有为意志服务，是远远不够的，能力的充沛则是必需的。只有这种充沛才能使人胜任一个纯粹理智的事业，这种事业无需为意志效劳。相反，正如塞涅卡在《书文集》中所说："没有精神的充实，闲暇无异于坟墓，埋葬活生生的人。"

对于不同的人，这种富余或大或小。这种理智生活除了指导现实生活之外，它还有无数种高高低低的类别：从简单搜集昆虫、鸟类、矿物、铸币，到创作最伟大的诗歌与哲学。这样一种理智生活不仅使人不受缚于无聊，还使人避免犯错堕落。因此，这种理智生活将成为防护墙，去拒绝庸俗的社交，防止许多危险、不幸、损失与放纵。假使人们要想完全在现实世界中追求幸福，那么他们将会遭遇这些事情。比如，我的哲学永远不会使我陷于困境，而使我绕开这么多的麻烦事。

在人生享乐方面，凡人与此相反。他用外在于他的东西，比如财产、地位、妻子与儿女、朋友与社交来证明他的人生幸福。如果他失去了这些东西，或者他自己视这些东西为无用，那么幸福也将离他远去。为了把这里面的关系讲清楚，我们可以说，他失去了重心。正因为如此，他总是有变幻莫测的愿望和怪想法。如果他的财力允许，他将做一些稀疏平常但耗资巨大的事情，时而置办乡村别墅，时而买进马匹，时而举办宴会，时而外出游玩。他正是想在各种事情上寻求外在的享受。这就像一个病入膏肓的人，妄图通过汤水和药物去恢复健康和强壮，却不知道，生命力才是身体强健的本钱。

不考虑其他剑走偏锋的人，让我们先关注那些不是很突出，但是精神能力超脱于平庸与狭隘之限的人。我们看到，如果这些人的外在幸福泉源堵塞了，或者不再满足他了，那么他就会像一个业余爱好者，热衷于任何一种美好的艺术或者一种实用科学，比如植物学、矿物学、物理学、天文学、历史，并立刻在那里发现诸多乐趣，从中修养心性。就此，我们才可以说，他的重心已经部分地落在他自身上。

但是，因为这种纯粹半吊子的艺术爱好远远不是创作才能，并且一个业余爱好者对实用科学的追求，仅仅是停留在现象的相互关系之上，所以他无法全身心地投入其中，他的天性除了它们的根源之外无法得到充实，因而他的生存无法与它们交织，以至于失去了除此之外的任何兴趣。

这种情形只保留在具有最高精神禀赋的人那里，我们将这种人称为"天才"。因为，只有在他们那里，事物的存在与本质才会全面、彻底地纳入他们的主题，借此，他们按照自己的志向，通过艺术、诗歌或者哲学，努力将对这些事物的深刻理解表达出来。因此，对这些人来说，心无旁骛地关注自身、从事思想与创作，是非常必要的，孤独为他所爱，自由闲暇是他的至高福分。而所有其他东西可有可无；要是它们存在，在他们看来反倒是一种负担。唯有对这种人，我们才能说，他的重心完全落在了自身之内。

由此，我们甚至可以解释，过着这种生活方式的人极其罕见，不论他们的性格多么完美，他们也不会像其他人那样，热心、积极地投入到朋友、家庭和集体中去。因为当他们仅仅拥有自身时，他们就把对其他东西的关注放在最后。据此看来，在他们身上存在一种离群索居的特点，当其他人无法真正满足他时，这种特点就越明显。因此，在他们那里，他完全无法看到与之息息相关的特质，也就是说，他们总是在所有其他人身上，感受到与自己格格不入的东西。久而久之，当形形色色的人随处可见时，他们也就逐渐习惯了用第三人称复数（他们），而不是用第一人称复数（我们）打量这些人。

从这个角度来看，那些智力极高的人是最幸福的人。显而易见，主体比客体更靠近我们。客体不管要发挥什么作用，总是首先借助主体得以实现，因此是第二位的。对此，卢奇安《对话集（一）》有诗为证：

> 唯有精神的财富才能被视为财富，
> 所有其他的财富只会带来大损失。

一个人如果为了训练、发展自己的精神能力，享受他的内在财富，也就是说，他需要一个这样的人生：他自身时时刻刻就是他的整个生命；那么，对于外界，这个人内心的这种富足，仅仅要求一个消极的馈赠，即自由闲暇。如果一个人注定要将他的精神象征烙在全部人类身上，那么，对他而言只有幸或不幸。换言之，要么完全发掘他的天资，完成他的杰作；要么因为阻挠而不能得偿所愿。在他看来，所有其他东西微乎其微。

由此观之，古往今来，每个伟大精神人物莫不将自由闲暇奉为至高无上的价值。因为，每个人的自由闲暇是如此重要，乃至堪比他本人。亚里士多德说过："人的幸福看来存在于他的闲暇中。"狄奥根尼·拉尔修记载道："苏格拉底称赞，闲暇是最好的财产。"与此相应，亚里士多德在《尼各马可伦理学》中把哲学生活推崇为最幸福的生活。他在《政治学》中也说过类似的话："能够不受阻碍地去发挥自己的才能，不管这些才能是什么，这就是最大的幸福。"这与歌德在《威廉·麦斯特》中的名言不谋而合："天赋奇才的人为自己的奇才而活，就在这种生活中，他获得最大的幸福。"

然而，拥有自由闲暇，不仅对一个人的平庸的命运，也对他的平庸天性而言，是极为罕见的，因为，为了养家糊口，他还得花费时间去跑营生。人是贫困之子，而非自由的思想者。所以，如果凡人不设想虚假的目标，通过各种游戏、消遣和癖好来充实时间，那么，自由闲暇立刻就变成他的负担，甚至最终变成折磨。同理，自由闲暇甚至给他带来危险。有一句话说得好："闲暇的安宁是难以承受的。"

另一方面，一个智力远远超过一般水平的人，不但是反常的，更是不自然的。但是，如果存在，那么，为了命中注定与此相应的幸福，他就需要自由闲暇——它对于凡人来说，时而是不堪重负的，时而是令人堕落的——没有自由闲暇，这种才智超群的人就变成一匹架上牛轭的飞马，毫无幸福可言。

不过，如果外在的与内在的不自然不期而遇，即一个人同时拥有自由闲暇和超常的智力，那么这是一件更大的幸事。因为，受惠于这种幸事的人，将过着一种更高层次的生活，换言之，这种生活免除了人类苦难的两个相反的泉源——贫困与无聊。或者说，他不必为了生存而忧心卖力，而且也能够忍受闲暇（亦即自由生存本身）——不幸，只有通过他们之间的相互调和、相互扬弃，才能摆脱。

在另一方面，与此相反，所有人都看到，那些聪明绝顶的人，由于优越的神经活动，会遭受到各种各样的痛苦，他们的心灵也能敏锐地感受到它们。并且，他们的性情激昂澎湃却藏而不露，而有对外在事物的更生动、更完整的表象与这种性情密不可分。通过这些而被刺激起来的情绪也更为激烈；而且一般来说，这种情绪比正常情绪痛苦得多。

最终，绝高智慧使天才远离了其他人以及他们的追求，因为这些天才越拥有了自身，在其他人身上，他就越难以在那里找到共同点。别人所满足的花花事物，对他来说既乏味且无趣。那无处不有效的平衡法则也许在此也起作用。有一种似是而非的说法常常为人所称道：精神最狭隘的人根本来说是最幸福的，虽然没有人会羡慕他的这种幸福。我不想抢在读者之先，对这种说法发表明确意见。索福克勒斯本人在此问题上有两句恰好截然相反的名言，读者自有论断：

为了幸福，审慎的思想是最有效的。

与之相反：

什么事情都不去想，就是最快乐的生活方式。

在《旧约》的哲人那里，同样有这种相互不一致的说法：

愚人的生活比死亡还糟糕。

同样的道理：

哪里的智慧越多，哪里的烦恼就越多。

在此，我不得不提及这样一种人：由于他们的智力水平很狭隘、有限，他们没有什么精神需求。这种人实际上就是德语里的"菲利斯特人"。这个词是德语中所独有的，在大学生生活中经常被用到，它的意思是"庸人"，也就是那些对现实利益斤斤计较的人。但是后来，这个词有了更高一层的含义，意即"被女神缪斯疏远的人"，虽然它的意思比较抽象，但依然和原来的意思相似；不过又与"缪斯的孩子（诗人）"截然相反。

然而，现在如果我从一个更高的含义来说明"菲利斯特人"——他们抱着现实的态度，从事最古板的事情，而这种现实的态度一无是处——的意思，那么，这种本来就抽象的定义，与我在本书所提出的浅显易懂的观点不一致，因此也许不是所有读者都能理解。

"庸人"还有一个更容易的独特解释，它充分地说明所有"菲利斯特人"性格的本质。按照这种解释，"菲利斯特人"就是一个没有精神需求的人。由此就有几种意思：首先，就他自身而言，他没有任何精神享受。这根据之前已提到的原则"没有真正的需求，就没有真正的享乐"就可以推断出来。他的生存因软弱的意志的缘故，没有基于对知识与和平的渴求而存在，更不会追求真正的审美享受——这种审美享受与对知识与和平的渴求在本质上完全一样。即使某些时尚或者权威将这种享受强加于他之上，他也将之作为一件苦差事来尽快打发了事。

实际上，享受对于庸人只是感官性的，他借此忘记痛苦。因此，牡蛎和香槟，是他的生存的制高点；设法谋取所有对此肉身有所裨益的东西，是他生活的目标。如果这些东西给他接二连三地带来麻烦,那他足以幸福了!因为如果一开始就把这些福分让他强行接受,那么他就不可避免地陷入无聊之中。为了对抗无聊,他们想尽了一切办法:舞会、剧院、社交、打牌、赌博、马匹、女人、喝酒、旅游等等。所有这些无法打发无聊,因为他毫无精神需求,他也就不可能有精神上的享受。

因此,菲利斯特人就有一张愚蠢、呆板的扑克脸,一张与动物类似、古怪、奇特的脸。没有什么东西能使他高兴,没有什么能刺激他,也没有什么能引起他的关注,因为感官享受是稍纵即逝的。同样的,菲利斯特人参加的社交也会立刻令他感到无聊透顶、心生厌倦。就财富,或者地位,或者影响力与权力而论,他远远超过别人;依靠它们,他受人尊敬;或者,他至少与那些与他有同样显赫身份的人有来往,并在回想他的荣耀时沾沾自喜。然而,按照他的这些生活方式,他充其量也不过是悬浮在荣耀之中而已。

由菲利斯特人以上的特性来看,可以得出第二个结论:在别人看来,他没有精神需求,只有生理需求;他不寻找精神需求,而只寻找那完全肤浅的快乐。因此,在他对别人的所有要求当中,对任何优越的精神能力的要求是最微不足道的。毋宁说,如果这些精神需求撞上了他,那只会激起他的反感,乃至仇恨。因为这样一来,他只会感受到一种卑贱的不堪重负的情绪,甚至于,他还要自己将内心生出的愚蠢的嫉妒小心隐藏起来。长此以往,这种情绪就会变成不动声色的愤怒。

  菲利斯特人在决定对别人表达他的尊敬或者瞩目时，永远不会按照这个人相应的特质。相反，他的尊敬与瞩目只留给地位与财富，权力与影响力。在他的眼中，唯有这些才是真正的优势，在这方面出人头地是他的夙愿。这些导致他成为一个没有精神需求的人。所有菲利斯特人的巨大苦难在于，他们没有为自己守护观念性的东西，而为了逃避无聊，他们总是需求那些现实性的东西。这些东西不但在片刻之间被挥霍殆尽，无法长存，令人生厌，而且带来各种灾祸。然而，观念性的东西取之不尽，用之不竭，它们本身无辜也无害。

  我已经全面考察了对我们的幸福有所助益的个人禀赋，这些考察除了生理素质之外，主要是智力水平。至于道德产生的直接影响以何种方式使人幸福，我已经在我的获奖论文《道德的基础》中讲过了，我在这里向读者推荐它。

Chapter 03
人的所有

伊壁鸠鲁是幸福论的伟大导师，他将人类的需求正确且出色地划分成三类：

第一，自然且必要的需求，如果它得不到满足，就会造成痛苦。所以，在此只有饮食和衣物属于这类需求，它是很容易实现的。

第二，自然但不必要的需求，它就是满足性欲的需求，尽管伊壁鸠鲁在《拉尔修的记录》中没有谈到这方面。因此我对这一点的理解在某种程度上比原始的要更加明晰和精确。满足这种需求已经是比较困难的。

第三，既非自然又非必要的需求，这就是对奢侈、铺张、炫富和浮华的需求。这种需求无止无休，满足它是非常困难的。

对我们在财富方面的全部合情合理的愿望进行规定，纵使不是不可能的，也是很麻烦的。因为在追求财富的问题上，每个人的满足程度不是基于一个绝对的量，而是根据一个纯粹相对的量，即取决于他的需求与财富的关系。这样一来，如果只是考虑财富，就毫无意义可言，就像一个分数中的分子没有分母。一个人仅仅在需要财富时，他才意识到财富。如果他完全不需要财富，那么有没有它，他照样怡然自得。而另外一个人，即使他的财富是前者的一百倍，如果他想得到某件东西却又得不到，那么他也感觉不到幸福。

在追求财富上，每个人都预设了在自己的能力范围之内的期望值，这个期望值有多高，他的要求就有多大。如果某个目标在他的期望值之内,并且也是他的能力所及的,那么他就感到幸福;反之,一旦他在期望这个目标时,发现要跨过重重难关,他就谈不上什么幸福。在他期望值之外的东西全然无法对他有任何影响。

因此,穷人并不对富人的亿万身家眼红心跳,富人倒是因为打错了如意算盘,无法从他所拥有的财富中得到多少安慰。("财富犹如海水,喝得越多,越感到口渴。"这句话同样适用于名声。)

在刚刚失去财富与荣耀之后,一旦我们克服了最初的痛苦,我们的习性与先前并没有太大差别。这是因为,假如命运减少了我们致富的要素,我们自身也随之减少对财富的要求。但当不幸降临,最痛苦的莫过于减少我们对财富的需求。一旦我们这么做了,痛苦会逐渐减少,最后再也感觉不到了,伤口也就愈合了。

与之相反,如果我们走了好运,我们需求的压缩机不是向下压而是向上推,需求膨胀起来,这里就有了快乐。但当这个过程结束时,这种快乐也将终止:我们已经习惯了这种夸张的需求,已经拥有的财富与原先的需求所差无多,我们也就不以为然了。对此,荷马在《奥德赛》第十节说过:

　　因为这就是芸芸众生的想法,
　　就像人与神之父所赐予的日子一样。

我们不满足的根源在于,我们的追求越来越多,把期望值不断往上推；与此同时，阻挠我们追求财富的其他因素却始终不变。人这种物种是如此贫乏，始终在欲望中挣扎，对财富的重视与顶礼膜拜，远远甚于其他所有东西，甚至把权力作为敛财的手段，这是不足为奇的。人们对此也见怪不怪：为了谋求财富，所有其他东西都被置之脑后，弃而不顾，譬如哲学教授抛弃哲学。"天下熙熙，皆为利来；天下攘攘，皆为利往"，天下逐利之人经常受到指责。

但是，爱财爱物是人之常情，甚至不可避免。财物如同永不疲倦的海神柏洛托士[①]，瞬息万变，成为我们善变的愿望与各种需求之任何对象。

任何不同财富只能满足一种需求、一种欲望：佳肴只填饥肠，烈酒只宜壮汉，良药只配病秧，貂毛只防严冬，衣裙只扮佳人，等等。它们的好处只是相对的；唯有金钱备受吹捧，因为它不仅仅满足某个具体的需求，还满足抽象的一般需求。

人们应该把他们的现有财富视为各种可能灾祸与不幸的防护墙，而非一张借此花天酒地的许可证，一个荒淫放荡的乐园。有些原本家徒四壁的人，最后凭借自己的才能，获取显赫身家。如果通过这种方法，他们将会赚取更多钱财，那么他们就浮想联翩，认为自己的才能是永远的本金，他们的收获无非这本金的利息而已。由此一来，他们没有从自己辛

[①] 柏洛托士，希腊早期神话中的海神，善于变化外形。——译者

苦所得中拿出一部分来积累，以作固定资产，而是赚多少就花多少。

当他们的收入停滞，或者生计无着落时，他们就常常陷入窘境。要么他们的才能枯竭了，很多人是这样，比如几乎所有追求卓越的艺术家；要么只有在特定的环境与经济状况之下，这些才能才能得到发挥，而这些环境与经济状况往往难以维系。

手工艺人大概一直处于这种状况，因为他们的才能不会轻易丢失，也不会被年轻人取而代之，并且因为他们的手艺活正是别人所需要的，在任何时候都吃得开。有一句谚语说得好："学会一门手艺，就拥有了一块金土地。"

但是，在艺术家和各领域的专家那里，情况并非如此。他们同样可以借助自己的才能获得很高的报酬。他们所赚的钱本来应该成为他们的本金，但他们却傲慢地将之作为利息，最终走向堕落的深渊。

反之，拥有祖传家业的人，至少马上完全理解什么是本金，什么是利息。因此，他们当中的大部分人想尽办法来确保本金的安全，并且，如果可能的话，至少把利息的八分之一存下来，以应付日后的不测。这样，他们大部分人的生活过得富足。

对于商人，这种所谓本金与利息的见解就不适用了。因为在他们眼中，金钱不过是收入增长的手段，就像手艺活的工具一样。所以，尽管金钱是他们竭尽全力赚来的，但是他们通过花钱来使之保值、增值。由此一来，没有哪个阶级比商人阶级更懂得花钱、赚钱。

在一般情况下，那些亲身经历过苦难和贫穷的人，与只是耳闻过贫穷的人相比，就不那么害怕贫困，因此也更容易奢侈放纵。前者是那些穷人，借助某种好运或者特殊的才能，摇身一变而为富人；而后者是那些从小到大生长在优渥环境中的人，他们普遍更关心未来，因此也比前者更节俭。

我们可以由此得出结论：贫穷似乎并不像我们粗略看到的那么糟糕。不过，也许其中的真正原因在于，生于富裕家庭的人，把财富视为必不可少的东西，也是唯一可能的生活要素，就像空气一样。所以，他们就像保护生命一样保护自己的财产，结果日子过得有条不紊、小心谨慎，也比较勤俭节约。

出生在贫穷家庭的人恰恰相反，把贫穷当作自然状态。那些他后来以某种方式得到的财富，对他而言，只是一些多余的东西，用来享乐和挥霍最恰当不过。当财富再度离他而去，他仍然会像以前那样勉强度日，而且还省却了一个烦恼。这就像莎士比亚说的那样：

> 乞丐一旦骑上马，
> 不把马儿跑死，誓不罢休。
> ——《亨利六世》

但是，这种人毕竟拥有坚定、超常的信心，这信心部分是来源于运气，部分是来源于自身的手段，这帮助他克服困难与贫穷。这种信心不仅在头脑中，也在心中。因此，当面临神秘莫测之境时，他们不像出身富豪家庭的人那样，将之视为无底洞；而是这样想：向大地俯冲直下的人，会再被高高抬起。

由于这种人类气概，这也就解释得通了：那些曾经是贫穷姑娘的妻子，比起那些带来丰厚嫁妆的妻子，要求更苛刻，生活更铺张。与那些贫穷姑娘相比，富有的姑娘通常不仅带来财富，还带来保有财富的能力，这是先天的本能。谁的主张要是与此相反，他可以在阿里奥斯托的第一首讽刺作品里，找到一个权威说法。

不过，约翰逊博士与我的观点不谋而合："一个习惯于有钱的环境的富有女人，会聪明地花钱；但一个在结婚之后才第一次掌握财政大权的女人，有着强烈的花钱冲动，乃至于她会大笔挥霍。"无论如何，我想向一个结了婚的贫穷姑娘建议，她不要继承本金，而只拿一份年金；特别值得注意的是，孩子的财产不建议让她掌管。

我相信，在这本书中，我对人们保管自己所赚取、继承的财产的建议，绝对不是毫无价值的。一个人能够一开始就拥有很多财富，这是一个不可估量的优势。他完全为自我而活，无须考虑家庭，用不着工作，实现真正的独立，舒舒服服地过日子。因为他就此摆脱了主宰人类生命的贫苦与烦恼，也摆脱了普罗大众的苦役——凡人不可逃脱的命运。唯有在命运如此厚爱之下，人才是一个真正天生的自由人。唯其如此，人才是真正自由的，是他的时间与能力的主人，能在每个早上说："今天是属于我的。"

同理，一个年金有一千塔勒的人和一个年金有一百万塔勒的人的差别，与前者和一个毫无进账的人的差别相比，要小得多。祖传家业如果落到了一个精神能力强大的人那里，虽然他无法实现那利用所继承的遗产去赚钱的野心，但这份家业却发挥出最大的价值。因为命运双重奖赏了他，他可以为他的才华而活。他向人类这样百倍地偿还了他的罪责：他完成别人所无法做到的事情，提供别人所无法带来的东西，他所做的一切都为人类带来福分，也为自己博得好名声。

如果换作别人，他们处于这么优渥的处境，会做慈善活动，为人类的福祉而奔走。

对于上面两种人的所作所为，如果一个人什么都不去做，或者一点也不尝试去做，或者从未要求自己去深入学习一门学问，起码为这门学问开辟新领域，那么，这个人虽然世袭家业，却是一个十足的懒汉、一个无耻之徒。当然，他也就与幸福无缘。因为他虽然免受困境之苦，但这又会使他陷入人类苦难的另一极端——无聊。无聊如此折磨他，以至于如果贫困找上门来，他都会感觉幸福得多。不过，也正是无聊诱使他更容易大肆挥霍，这葬送了他所配不上的优势。实际上，我们可以发现，数不胜数的有钱人，为了使自己所承受的无聊得到片刻缓和，他们有多少钱就花多少钱，最终一无所有。

Chapter03 | 人的所有

但如果一个人的目标是为了加官晋爵，那就另当别论了。为此，他就必须获得宠幸、朋友、人脉，这样，他就步步高升，有可能当上最大的官。如此看来，最根本地说，一个人一贫如洗地来到这个世界上，情况可能会更好。

特别是一个并非贵族、却具备些许才能的人，如果他出身卑微，那么他才会得到真正的优势，贵人也愿意提携他。因为，人们在日常的聊天中都知道，那些达官显贵最喜欢发现、也最乐见别人的卑贱。只有一个出身贫寒的人，才会相信他的彻彻底底、根深蒂固的卑贱，相信自己一文不值、无关轻重，并且牢牢记住这些，正如他被社会所要求的那样。

唯有这样，他才会频频点头，屡屡哈腰，并且哈腰时间足够长，也只有他的哈腰会达到完整的90度。只有他，才会忍别人之所难忍，笑别人之所难笑。只有他，才知道这种服务完全没有任何价值，价值在无中生有处。只有他，才会把那些达官显贵的不入流的文学作品认作一流名著，扯着大嗓门，标着大黑体，大肆吹捧。只有他，才深知邀宠乞怜之要。因此，只有他，才会早在年轻时，就成为倡导下面他人所罕见的厚黑学的人，这个厚黑学之一二，歌德已经在书中揭示了：

卑鄙无耻，
无可指摘。
奈汝说辞，
此乃王道。

相反，那些家境优越的人往往难以管束。他习惯昂首阔步，并不学习以上的处世艺术；他或许有某些才能，但他也应该知道，这些才能无法与碌碌无为和阿谀奉承的本事相匹敌。最后，他会完全发现，爬到他头上的人是何等之卑贱。如果他遭到别人侮辱，他就会愤怒难当、惊慌失措，但不巴结，不成活。他倒不如与那犀利不留情面的伏尔泰一起，说："我们只有两天可活，不值得在卑鄙的流氓面前卑躬屈膝。"

顺便说一句，"卑鄙的流氓"这个称呼，很适用于这个甚嚣尘上的世界中的许多人。因而，人们看到尤维纳利斯说：

向上爬委实不易，
因为贫困的家境会钳制才智的施展。

这句话比较适合文艺界，绝不能生搬硬套到那些在政界和社会上野心勃勃的人身上。

对于"人的所有"这个主题，我并没有论及女人和孩子，因为与其说一个男人有了妻子与孩子，不如说他被他们拥有。更确切地说，朋友也要归入这一类中，他在此不仅是一个人的所有物，也是这个人的所有者。

Chapter04
人在他人眼中的样子

我们在他人眼中的样子，就是别人对我们的生存的看法。但由于我们本性中的一个特殊弱点，它被我们无一例外地重视。其实，我们只需稍微想一想就知道，别人的看法本身对我们的幸福无关紧要。

所以，我们很难理解，当发现别人对自己有一个好印象，或者别人说了些恭维的话时，人们会在内心沾沾自喜。就像当人抚摸猫时，它会高兴地发出呜呜声；人在听到别人的称赞时，他脸上就会不由自主地流露出陶醉的神情，更确切地说，这种称赞在他所期待的范围之内，即使明显是虚伪的，他也乐于笑纳。当他碰到实际的不幸，或者在前文已经谈论过的幸福的两个源泉对他而言极为匮乏时，别人的赞扬也足以安慰他。

与此相反，在某种意义上、某种程度上或者在某种情况中，无论他的雄心壮志受到什么样的伤害，无论受到任何嘲笑、冷漠、轻视，都会使他前所未有地受伤，并经常深受其苦。这是多么令人惊讶啊！

只要自尊心建立在人的这种天性上，那么它就作为道德的代替品，卓有成效地激励很多人的正派行为。然而，就人的真正幸福而言，特别是就那于幸福有关键意义的心灵安宁与独立来说，人的这种天性与前者相比，更多的是起阻碍的、无益的作用。

因此，砸烂他的枷锁，并且通过对福分的价值进行恰当的思考和正确的评价，尽可能克制对他人意见的过度感受，不论这种感受是因别人恭维而来,还是因为受别人打击而产生——这两者紧系于同一条线上:按照我们的观点,这样做才是有益的。否则,人们就成为他人的议论与感受的奴隶。

> 让苛求赞美的人沮丧和振奋的话,
> 是不足挂齿的。

据此来看,正确评价这两种价值,对我们的幸福大有裨益:一个是人们自身并为了自身的价值,另一个是人们纯粹在他人眼中的价值。

前者包括我们自身的生存的全部时间之充实,包括我们自身的内在含义,也必然包括所有福分,在前面的"人的本性"与"人的所有"中,我已经考察过这些福分了。因为在这个地方,所有上述的东西都有其影响范围,这就是每个人自己的意识。

另一种价值,存在于别人对我们的看法,也就是说,我们的价值被别人的意识所决定。在其他人的意识中,留有反映我们自己的表象,他们对我们的表象也有所论断。别人的意识不是对我们直接存在的东西,而纯粹是间接的,也就是说,别人对我们所采取的态度和做法,是受到他自己的意识所影响的。此外,别人的意识自身只有在对某个东西——由于这个东西,我们自身与为了自身的东西被改变了——有影响时,别人的意识才真正值得我们去考虑。

此外,如果我们充分认识到,在普罗大众头脑中,其思想浅薄无知、毫无价值,其概念异常有限,其意见微不足道，其认识颠倒错乱，其错误数不胜数，那么，发生在别人意识中的东西，对我们无关宏旨，我们也就学会泰然处之。

另外，我们从自身的经历就可以知道，一旦一个人不再害怕别人，或者相信自己说的话不会被议论的对象听到时，他实际上会轻蔑地对别人说长道短。当我们听到，一帮傻瓜是如何不知天高地厚地议论最伟大的人物时，情况尤其如此。我们就会明白，谁要是把别人的意见看得过高，他就太抬举他们了。

不管怎样，如果一个人不是在前面提到的两类福分中（他的本性实际上所是的东西），而是在第三类福分中（他在别人那里的表象）寻找他的幸福，那么他只会找到少得可怜的资源。

因为一般而言，我们生命的基础，甚至连我们的幸福之基，也是我们的动物本性。因此，健康对我们的幸福是最根本的，除此之外就是我们谋生的手段，亦即一份让我们衣食无忧的收入。

威望、荣耀、地位，虽然可能是一些人的诸多价值的基石，但它们无法与其他根本性的福分匹敌，乃至取代这些福分。毋宁说，一旦需要的话，它们会毫不迟疑地为这些福分让路。每个人实际上首先生活在他的肉体之中，而不是生活在别人的意见之中。

据此，我们个人的现实状况——这些状况受健康、性情、能力、妻子、儿女、朋友、住所等影响，对增进我们的幸福，与他人对我们的评价相比，更重要上百倍。如果我们

Chapter04 | 人在他人眼中的样子

及早获悉这些的话，它们将对我们的幸福大有贡献。

与之相反的幻觉则导致不幸。如果有人郑重宣告："名声重于生命。"那么他实际上在说："生存与健康一无是处，而别人对我们的想法才算是一回事。"无论如何，这句名言就包含有夸大的成分，它以干巴巴的真理作为基础：要在人间生存、发展，名声，亦即他人对我们的评价，是必不可少的。对此，等下我回过头来再进一步说明。

几乎所有人毕其一生，不休不眠地奋斗，历尽艰难险阻，只为如愿以偿；而他的愿望不过是让别人对他高看一眼。如此一来，不仅高官、头衔、勋章，还有财富，甚至知识与艺术，究其根本都是他们所奋斗的目标，并且最终是为了博取他人的更大的尊敬。如果我们看到这些，那么我们也就遗憾地看到，人类的愚蠢简直是无以复加。

太过重视他人的看法，是一个随处可见的错误。这种错误要么可能已经在我们自身的天性中生根发芽了，要么由于社会和文明的原因而产生。无论如何，这种错误对我们的全部所作所为产生过度影响，对我们的幸福有害无利。这些影响随处可见：从胆小、盲目地顾虑别人的说法，到弗吉尔尼斯①剑插他女儿的心脏。还有，有些褒贬之论诱使人们为了死后声誉，而牺牲安宁、财富、健康，甚至生命。

---

① 弗吉尔尼斯，公元前5世纪罗马的一个平民，由于不满暴君克劳迪乌斯侮辱其女，亲手杀死了她。——译者

这个错误诚然为那些想控制人，乃至驾驭人的人，提供了一个合适的理由。正因如此，在各种训导人类的方法中，保持、磨砺人的荣誉感占据了主要地位。然而，在我们的愿望——自身的幸福——方面，值得警告的是，人们不要太看重别人的看法。

然而，与那些发生在自己意识中，因而与自身更直接相关的事情相比，人们更在意别人的评价。正如日常经验告诉我们：大多数人还是最重视别人对自己的评论。进而，他们颠倒了自然的秩序：对他们来说，别人的看法好像是真实的，而自己的意识倒像自己生存的观念性的部分。他们把派生的、次要的东西当作重要的东西；比起自己的本质存在，他们在别人头脑中的形象更让他们耿耿于怀。

把完全不是为我们而存在的东西，高看成直接的结果，这种愚蠢的做法，人们称之为虚荣，以表示这种努力的空洞和徒劳。同样，我们从上文的论述中可以轻易看到，这种虚荣为了手段而忘了目的，它和贪婪刚好一样。

实际上，一般来说，我们太过重视别人的看法，对之念念不忘，这样做几乎超过了我们的任何理智的目标，以至于被视为一种到处传染的行为，或者毋宁说，一种天生的狂热。在一切我们所做的或应做的事情当中，我们所顾虑的几乎首先就是别人的评头论足。只需认真观察，就可以看出，我们每次所感受到的忧愁和畏惧，有一半是来自这方面的担忧。这种担忧以我们的所有自我感觉、虚荣和狂妄为基础。

Chapter04 | 人在他人眼中的样子

自我感觉是如此敏感,所以经常受伤;而虚荣和狂妄正好是我们的奢华与自夸。如果没有这种担忧与期待,奢侈几乎不及它目前的十分之一。

所有各种各样的傲慢,不管它们是什么类型、有什么影响,都是以对他人意见的担忧为基础的。人们有什么可以不为此而葬送的呢?傲慢在每个人的孩提时代已经有所表现,及至年迈,它就渐渐地达到最严重的程度。因为到那时,人失去了感官享受的能力,只有虚荣、傲慢与贪婪统治人的头脑。

虚荣心我们可以在法国人那里看得最清楚。因为,它带有地方色彩,通常会演变成为乏味的敬畏、荒谬的民族虚荣和无耻的自夸。但这样一来,法国人的虚荣心就战胜了他们的努力,法国因此也就被其他国家所嘲笑,有了"伟大的民族"的绰号。

在这里,由于他人的意见所引起的过分担忧,我们可以特别说明其中存在的颠倒。一个人可以通过把环境与合适的人物进行糅合,在罕见的最佳程度,找到一个根植于人类本性的愚蠢的绝妙例子,它让人完全测出最奇怪的行为动机的强度。下面就有这样一个例子,它摘自1846年3月31日的《泰晤士报》上的一篇报道,是讲对托马斯·韦斯执行死刑的事情。托马斯·韦斯是一个手艺活学徒,出于报复,他杀害了他的师傅。

"在预定执行死刑的那天上午,受人尊敬的监狱神甫很早就来到韦斯那里。韦斯言行镇定自如,对神甫的训诫显得毫无

人生的智慧
The Wisdom of Life

兴趣。他心里唯一惦记的事情，反倒是在那些想要目睹他可耻的赴死的旁观者面前，能够表现得英勇一点。这一点，韦斯成功做到了。在他穿过庭院，坚定地向在监狱里搭起的绞刑架走过去的时候，他说：'好吧！正如多德博士所说，我马上就要知道那个伟大的秘密了！'虽然他走路时被绑着臂膀，但他不用别人的丝毫帮助，就迈上了绞刑架的梯子。他自己走上绞刑架以后，向左、右两边的观众鞠躬，聚集在下面的人群对此立刻以雷鸣般赞许的呼声来回应。……"

这可真是一个沽名钓誉的壮举。死亡带着令人不寒而栗的面孔来到这个人的眼前，此后便是永恒。他没有别的事情可担忧，只是为了要给爱凑热闹的一群看客留下一个好的印象，为了博得人们在脑中留下的好看法！

也正是在同一年的法国，一个伯爵因为试图谋杀国王而被判处死刑。在判刑过程中，他因不能穿着体面的衣服出现在参议院而闷闷不乐。甚至在执行死刑的时候，他因不能获准刮胡子而勃然大怒。

在以前，情况也完全一样。这点我们可以从马迪奥·阿莱曼在他的著名爱情小说《古斯曼·德·阿尔法拉契》中看到。在这本书的引言中，阿莱曼告诉我们，许多误入歧途的罪犯，都把应该只用于拯救自己灵魂的最后时间，花在润色、记诵一篇短小的"训诫"上。因为他们将站在绞刑架的梯子上面宣读这篇"训诫"。

但是，这些事情却反映了我们自己的本性，因为极端的事

Chapter04 | 人在他人眼中的样子

例往往最能清楚地说明事实。也许在大多数的情况下，我们的所有担忧、苦恼、愤怒、麻烦、恐惧、努力等，其实与别人对我们的评价有关。所有这些都正如上述那些可怜的罪人一样荒谬。我们的嫉妒和仇恨也一点不差地根源于此。

我们的幸福主要依赖我们心灵的安宁和知足；那么很明显，要增进我们的幸福，再没有比限制和减弱人的本能冲动更好的办法了。它要被限制在一个合乎情理的程度，这或许只是目前程度的五十分之一，我们也就把这一直令数人作痛的毒刺从肉中拔出来。这样做其实是很困难的，因为这种冲动本身就是基于人之本性的一个自然、天生的颠倒。"智者也是到了最后才放弃对名誉的追求的。"塔西佗这样说过。

要杜绝那些普遍的愚蠢做法，唯一的办法就是明确认识到这种做法的愚蠢。为了这个目标，我们必须清楚认识到，人们头脑中的大部分意见是多么错误、颠倒、混乱和荒唐，因此，它们本身丝毫不值得去重视。然后，我们也要明白，在大多事务和情况上，别人的看法对我们的影响是多么微小。进而，我们还要认识到，别人的意见一般有多么不中听，几乎任何人，当听见别人谈论他的所有话，还有谈论他的那种语气时，他都快气疯了。最后，我们要知道，甚至名誉本身实际上也只具有间接的而非直接的价值。如果我们改变了这些通常的愚蠢，那么我们的心灵安宁与乐观就会获得难以置信的巨大增长。同样，我们的行为会变得更加坚定、可靠，我们的态度会变得更加从容、自然。

◆ 人生的智慧 ◆

The Wisdom of Life

  这种极其有益的影响，让我们拥有在安宁心灵中的生命本源。这大体上建立在这个基础之上：我们从别人眼中脱身而出，因而摆脱了他们的任何看法带来的束缚，从长久的生命中获得了这样一个生命本源，借此，我们回归到自身。同样地，我们将远离那非常现实的不幸，在不幸中我们只会延续纯粹观念性的努力，更准确地说，延续那死气沉沉的愚蠢。我们也将会更多地考虑那些丰富的福分，然后不受干扰地享受它们。然而，正如那句话所说："高贵是非常困难的。"

  这里所描述的我们本性中的愚蠢，主要会萌发三根枝桠：好胜、虚荣和骄傲。后两者之间的差别在于，骄傲是一个人已经确信自己拥有某一方面的优越价值；相反，虚荣是一个人希望唤起别人对自己的这样一种确信。而伴随着虚荣的大多数东西之中，还潜藏着这样一个希望：自己也真的能够拥有这份确信。

  因此，骄傲由内而发，是对自我的高度评价；相反，虚荣则是追求从外界间接获得这种敬重。与之相对应，虚荣使人健谈，骄傲使人沉默。不过，虚荣的人应该知道，要获得自己孜孜以求的、他人的高度评价，保持沉默比夸夸其谈更容易，也更有把握达到目标，即使一个人能说出最美妙动听的话。

  不是谁想骄傲就能骄傲，他最多只是想做出一副骄傲的样子，但很快就会原形毕露，就像从某个假定的角色中，很快现出本来面目一样。因为一个人只有对自己的突出优点和独特价值抱有坚定而不可动摇的信心，才能做到真正的骄傲。这种信心也许是错的，或者只是基于外在的、惯常的优势；但这并不妨碍个人感到骄傲，只要这种信心确实存在。正是因为骄傲植根于这种信心中，所以骄傲就和一切认识一样，并不在我们的主观臆断中存在。

骄傲的大敌——我是指它的最大的障碍——就是虚荣。虚荣是祈求别人的喝彩，以便在此基础之上，建立起对自己的高度评价，而这种非常确定的、对自己的高度评价正是骄傲的前提。

既然骄傲已经到处被责备、声名狼藉，那么，我在猜测，罪魁祸首是这样一些人，他们根本就没有值得骄傲的东西。

任何人，当面对大多数人的无礼和傲慢时，只要他拥有某一种优点，他就要自己多多关注它，不要把它全忘了。因为如果谁为了把自己扮成别人，好像他与那些人一般无异，他就好心地忽略自己的优点，那么，别人就会立刻坦率地认为他就是这样的人。

但是，我最想劝告那些具有最出色的优势的人，这些优势是实在的，也是他们的纯粹个性。它们不像等级和头衔，时刻都能吸引别人的眼球，否则他们就像罗马人所说的"猪猡教导弥涅耳瓦"。阿拉伯有一句精妙的谚语："一旦你对一个奴隶开玩笑，他立马就向你挑衅。"我们也不要对这句话充耳不闻："把你所努力取得的骄傲献给你自己。"

但是，谦虚的美德对于无赖是一个相当大的发现。因为按照这一美德，每个人都要把自己说成像一个无赖似的，这就把所有人都拉到同一水平上。这样一来，好像世界上只有无赖了。

相反，最廉价的骄傲就是民族骄傲。因为民族骄傲表明，一个人的个人素质极为低下，民族骄傲可以为他的素质做担保，借此他才能骄傲起来。否则他不会抓着民族骄傲不放，与自己的千万同胞分享它。谁拥有了显著的个人优势，谁就会最清楚地认识自己国家的缺陷，因为对此他将长久记挂在心头。

不过，每一个卑鄙的蠢蛋，即使在这个世界上一无所有，他也足以骄傲。他抓住国家这最后一根稻草，就有了骄傲的资本，因为他毕竟是属于他的祖国的。借助民族骄傲，他容光焕发，对此感恩戴德，所有的缺陷和愚蠢对他而言都是他自己的，他誓死舍身辩解。

对此，有很多例子。如果有人有礼貌地指出在英格兰民族中既愚蠢且过时的顽固，那么，在五十个英格兰人中，只能找到一个人赞同这个观点，而这个人刚好是有头脑的。

德国人是没有民族骄傲的，也因此，他们保留了其他民族对之交口称赞的诚实的一个证明。相反，有些德国人却不诚实，这些人用一些虚伪、可笑的方法来激发德国人的民族骄傲。比如，"德意志兄弟"和民主党人为了蒙骗民众而去恭维他们。虽然他们有人说，德意志人发明了火药，但是我对这种看法委实不能同意。利希滕贝格问："如果有人想要冒充别人，为什么没有人会去冒充德国人，而大体上会去冒充法国人或者英国人？"

另外，个性远远优于民族性，在一个特定的人身上的个性，比起一个国家的民族性，会获得千倍的重视。

因为离开大众，民族性是无从谈起的。所以，坦率地说，它并没有多少东西可以称赞。不如说，人们称之为民族性格的东西，只是显示了在每个国家中人类的局限、错乱和丑陋。我们厌烦一个国家的民族性之后，就转而夸赞另一国家的民族性，直到我们同样厌烦它为止。每一个国家都取笑别的国家，他们的嘲笑都不无道理。

"我们在他人眼中的样子"也就是"我们在世界中显现的东西"。它的对象如上所述，可以分为荣誉、身份和头衔。

身份，它在普罗大众和菲利斯特人眼中是如此重要，它在支撑国家机器运作方面的作用是如此巨大，但为了我们的目标，让我们用很少的话来谈论它。它的作用是假装高看某个人，对于普罗大众而言，它只是一出喜剧：它的价值是流俗所致，其实也是虚假的。

勋章是汇票，来自公共的评议，其价值建立在签发人的信用的基础之上。勋章作为金钱酬劳的代替品，完全用不着花费一分钱，就能为国家节省大笔开支，是一个非常有效的安排。其前提是，勋章的分配必须有目的地、公正地进行。普罗大众除了眼睛和耳朵，就再没有其他东西了，特别是，他们的判断力和记忆力差得可怜。一些功绩完全超出了他们所能理解的范围，其他功绩刚出现时就被他们理解，为之欢呼雀跃，但很快就被他们忘记了。

因此，我发现这样做非常合适，通过十字形或者星形勋章，时时刻刻向大众到处大声宣告："这个人和你们不能相提并论，他是有功绩的！"不过，由于授予勋章时不公正，没有经过深思熟虑，数量过多，勋章也就失去了它们的价值。因此，国王应该谨慎为别人授勋，就像商人小心为他的支票签字一样。在十字勋章上，为纪念功绩而写的铭文是一句赘语："每个勋章都是为了奖励功绩。"这是理所当然的。

与身份相比，谈论尊严要难得多，也多费一番笔墨。首先，我们得对它进行定义。如果现在我为了这个目的，说："荣誉是外在的良知，良知是内在的荣誉。"那么很多人会对此满意。然而这个定义只不过说得漂亮，却远远不能清楚而根本地解释荣誉的意思。

因此，我说："荣誉，从客观上来说，是别人对我们的价值的评价；从主观上来说，是我们对这种评价的畏惧。对于一个看重荣誉的人，就算荣誉的主观特质完全没有纯粹道德的作用，它也会有非常积极的影响。"

那些还没有完全堕落的人还常常有荣誉感和羞耻感，他们因此会赋予荣誉感更高的价值。荣誉感和羞耻感的根源如下所述：一个人单打独斗的话，很难成事，就像是一个被抛弃的鲁滨逊；只有在一个集体中和别人一起，他能做的事才会多些。

Chapter04 | 人在他人眼中的样子

一旦他的意识开始发展到某个程度时,一旦他为了成为一个有用的人类群体中的成员而奋斗,成为一个有用的协作者,并因此而获得集体所共有的优势,他才会对此深信不疑。

为了成为这样的人,他首先要完成每一个人都被要求做到的事情;其次,他要完成他所在的那个特殊位置上,人们要求和期望他的事情。正是在这个时候,他才认识到,这些事情不是因他自身的东西而定,而是视别人的评论而定。由此,他就开始追求别人的有利评价,并对之加以重视。这表现了自然感情的本源,人们根据情境,称之为荣誉感和羞耻感。

一旦一个人以为自己立刻就要失去他人的有利评价,尽管他知道自己是无辜的,他还是脸红了;或者他所发现的错误只是相对的,也就是说,这种错误带来的责任是别人故意让他承担下来的,即使这样,他也会脸红。这正是名誉感或者羞耻感所使然。另一方面,没有什么东西,比对获得或重提别人的好评的倚靠,更能增强一个人的生活勇气。因为别人的好评向他允诺,所有人的力量会联合起来,形成保护和帮助,这个力量与他自身相比,是一个坚不可摧的防护墙,足以对抗生活的不幸。

在各种各样的人际关系中,一个人能够帮助他人,并因此获得他人的信任,也就是说,他人对他好评有加,由此就产生了形形色色的荣誉。在这些人际关系中,最主要的是人与人之间的财产关系,其次是履行职责的关系,最后是两性关系。和这些关系相对应的,就是公民荣誉、职务荣誉和两性荣誉。每种荣誉还有更详细的分类。

公民荣誉有最广泛的内容。它产生于这样一个前提:我们无条件地尊重每个人的权利,并且为此,我们永远不会不公正地,或者利用非法手段谋取好处。公民荣誉是我们进行所有友好的人际交往的条件。它由于一个人公开、强烈地违反上述活动而丧失,因此一个人也会因为每个刑事惩罚而身败名裂;当然,这种刑事惩罚是基于正义的。

无论如何,荣誉的最终根据,是对一个人的道德性格的不可改变性的确信。一个人哪怕仅仅只有一次恶劣行为,他的道德性格就可以明确表明,一旦类似的情况再次发生,这个人的行为以后都会带有同样的道德素质。英语的"性格"一词,很好地表达了名声、声望、荣誉的意思。

正因为如此,荣誉不可失而复得。这种损失主要取决于欺骗,比如诽谤,或者伪造证明。据此,就有法律来制裁诽谤、讽刺,还有侮辱。因为侮辱,这种纯粹的辱骂,是一种肤浅的诽谤,完全没有根据给它开路。对此,希腊语中有一句话讲得好:"侮辱是一种肤浅的诽谤。"而且,这种情况随处发生。

但是,那些辱骂别人的人,他们不能把现实的真相在别人面前说出来,因为他们把那些子虚乌有的东西作为前提,而不管别人由这些东西得出什么结论。他们无法给出结论,因为由错误的前提无法得出正确的结论。他们得以信口雌黄的,仅仅是这些前提,尽管它们经不起时间的考验。

虽然公民荣誉之名源自市民阶级并依此存在,但是它却毫无差别地适用于所有阶级,即使是最高阶级也不例外。没有任何人能够缺少它,它是非常严肃的事情,任何人都不可视之为无物。抛弃了诚实与信用的人,那么,不管他从事什么工作,也不管他是谁,他都永远失去了诚实与信用。这些损失所招致的苦果,远远没有消失。

荣誉在某种意义上,具有一个消极的特征,也就是说,与具有积极特征的头衔相反。因为荣誉并非意味着某种特殊的、只能被认作人这个主体的特质,而只是按照规则,假定了一个对这个主体而言不可缺少的特质的前提。因此,荣誉只是表明这个主体不是规则的一个例外;而头衔却指出这个主体的身份非同一般。头衔因此必须努力争取才得到,而荣誉只要维护不让它丢失就好了。

与此相应,一个人没有头衔,顶多是默默无闻的,消极的;然而一个人没有荣誉,却是令人可耻的,是积极的。不过,荣誉的这种消极性千万不可与被动性相混淆;毋宁说,荣誉有一种完全主动的特征。它纯粹源于人这个主体,基于人的作为和不作为的事情,而不是基于别人所做的事情和发生在他身上的事情。它也就是属于依赖于我们的东西。我们将马上看到,这一点,正是真正的荣誉和骑士精神的虚假荣誉的差别的标志。

只有通过诽谤,才有可能从外部攻击荣誉。唯一解决诽谤的方法就是驳倒它，让它在众目睽睽之下暴露无遗，让诽谤者遁地难逃。

对老年人的尊重好像是因为这个理由：年轻人的荣誉虽然被预先授予了，但尚未经过检验，因此它实际上是停留于信用之上；而对于老年人来说，在他们的生活经历中，他们必然证明了，他们的行为是否让自己保有荣誉。年轻人敬重老者的充足理由，既不是仅仅因为老年人年纪达到了一定岁数，也不是因为经验。因为动物也可以达到一定的年龄，一些动物的岁数甚至远远超过人类的岁数；而经验也只是对世事的变迁有更加贴切的认识。

但是，这种敬重在每个地方都大受欢迎。老年人的年纪越大，他的脆弱就要求更多的照顾，而非敬重。但奇怪的是，人们对于花白的头发有某种天生的、本能的敬意。皱纹是老年人的可靠标志，但它们绝对不像白发一样能激起这种敬重。没有人会说"令人敬畏的皱纹"，而总是说"令人敬畏的白发"。

荣誉的价值只是间接的。因为，正如本章一开始所讨论的那样，只有当别人对我们的评价决定我们的行为时，或者只是偶尔才如此时，它才会对我们有效。并且，只有我们与别人共事，或者在别人手下做事时，这种情况才会发生。因为，我们在文明状态下只会考虑社会的安全和财产，同时，在所有事务中需要别人；并且，他们为了与我们为伍，必须对我们而言是有信用的。所以，他们对我们的评价对我们而言就具有很高的价值，虽然这价值向来仅仅是间接的。

我无法赋予这种评价一种直接的价值。西塞罗与这里的说法一致："克里斯珀斯和第欧根尼谈到好名声时说'除了好名声的实际用处，我们不值得为它去动哪怕一个手指头'。我完全同意他们的主张。"同样，爱尔维修在他的巨著《论精神》中也详细地讨论了这个道理。他的原话是："我们喜爱荣誉并非为了荣誉本身，而只是想得到它带给我们的好处。"既然手段与目的相比，不那么重要；那么，那句格言"荣誉高于生命"只是相对有效的，荣誉是一个双曲线。

关于公民荣誉我们就说这么多。

公职荣誉是别人对一个人的普遍评价，这个人负责一项职务，为此他要具备所要求的实际素质，不管在任何情况下，他都要按时履行他的职责。一个人在国家中工作，其权限越重大，也就是说，他所在的职位越高、越有影响力，那么，对他的理智能力和道德素质的评价就越重要，这评价使他去适应他的职位。因此，他所在的职位越高，他就拥有一个更高的荣誉，这种荣誉表现在他的头衔、勋章等，还有别人作为下属对他的恭敬态度。根据同样的标准，社会等级决定了荣誉的特殊级别，即使大众在判断社会等级的重要性时，其能力是有限的。其实，比起普通公民，人们赋予那些履行特殊职责的人以更高的荣誉；普通公民的荣誉是由消极的特质决定的。

人生的智慧
The Wisdom of Life

公职荣誉还有更多要求。如果一个人占有了一个公职，由于他的同事和后继者的缘故，他必须对这个公职保持尊敬。为此，他必须尽职尽责。此外，只要他在这个公职上，那么一旦有对这个公职本身和他个人的攻击，也就是有意见说他没有尽职，或者说这个公职本身对民众最广大的利益毫无建树，他就不能对此放任自流。相反，他要借助合法的惩罚来证明，那些攻击是不公正的。

拥有公职荣誉的人有公务员、医生、律师、国家教师，还有研究生。简而言之，每个拥有公职荣誉的人，都会被国家声明为，他们是为了完成某种脑力工作，并且他本人也因此自告奋勇地去做这项工作。一言以蔽之，这些公职人员都享有公共职务的荣誉。真正的战士荣誉也属于此类。它存在于此：那些自告奋勇去保家卫国的人，为此拥有必要的素质。其中最重要的是，这个战士英勇无畏、骁勇善战，并郑重地准备为保卫祖国而捐躯，发誓决不让祖国的旗帜在这个世界上消失。我在这里所提到的公职荣誉的意义比一般的更为广泛，因为它意味着公职自身所具有的公民的恰当尊敬。

对于两性荣誉的根源，我需要就其原则进行一个细致的考察和追溯，同时，这个原则将证明，所有荣誉最终以实用考虑为基础。按照两性荣誉的本质，它可分为女性荣誉和男性荣誉；并且，从男女双方的角度来看，它可以很好地理解为"集体精神"。

女性荣誉在两者中是最为重要的，因为两性关系在女性生活中的重要性不言而喻。女性荣誉是人们对一个女孩和一个妻子的一般评价：女孩绝不可未婚失身，妻子只能委身于她所嫁的男人。这种评价的重要性基于下面所说：女性渴望、并期待从男人那里，得到她所想要的和所需要的一切东西；而男性首先直接地只渴望从女性那里得到一个东西。因此，必须做出这样的安排：男人负责满足女人对他的所有要求，并承担养育双方结合所生下的孩子的责任。所有女性的福利都基于这样的安排。

女人为了达到这样的安排，自己就必须团结起来，证明集体精神的存在。她们要形组成一个整体，建立对全体男人的统一战线，因为男性借助与生俱有的身体和思想能力上的优势，占尽了所有世俗的福分，成为女性所反抗的共同敌人。为了占有世俗福分，女性就要占有男性；而为了占有男性，她们就必须战胜、征服男性。

为了实现这一宏愿，全体女性同胞的荣誉准则就是：绝对拒绝男人的任何正式婚姻之外的性行为。因此，女人才能强迫男人和她们结为夫妻，于是男人就向女人投降了；借此，所有女同胞才能得到照顾。只有严格遵守这一准则，女人才能达到这一个目标。因此，所有的女同胞秉承着真正的集体精神，监视她们的所有成员，共同执行和维护这一准则。

如此一来，每一个女孩，如果她和男人不结婚就同居，做出背叛女同胞的事情，而女同胞的福利将因这种行为的普遍化而遭受损失，那么她就被驱赶，备受凌辱：她丢失了她的荣誉,再也没有一个女人让她靠近半步,她如同一个臭东西一样,人人避而远之。

奸妇也逃不出这种命运。因为她没让男人服服帖帖地遵守投降合约;更因为这种通奸行为,其他男人害怕被戴绿帽子,不再愿意签订这种合约,而全体女同胞的利益又以此为据。更为严重的是,由于奸妇通奸行为下流的背信弃义和欺骗,不仅她丢失了性荣誉,她也没有公民荣誉可言。

对此,人们也许会带着原谅的口吻说"一个失足的女孩",但不会说"一个失足的妇女"。因为诱奸女孩的男人可以借助婚姻,让这个失足的女孩重新获得荣誉;但在一个失足的妇女离婚之后,与她通奸的男人却不能通过婚姻让她重获名誉。

现在,人们已经清楚看到,集体精神是有效并且必要的,但必须深思熟虑,保障女同胞的利益,成为女性荣誉之原则的基石。虽然这种集体精神对于女性的生存而言是最重要的,但它的重要性也只是相对的。它没有绝对的价值,无法超越生命本身和生命的目的,因此也无法赋予它那种以生命为代价去获取的价值。

故而,对于那过于夸张、悲观的滑稽戏中卢克莱希亚和维吉尼斯的所作所为,我们无法为之鼓掌喝彩。同样,艾米莉亚·加洛蒂的结局有某些无礼的东西,以致人们从剧场那儿败兴而归。但撇开女性荣誉不谈,《爱格蒙特》中的克蕾尔欣值得我们同情。

过分强调女性的荣誉原则的做法,像有些事情一样,是

Chapter04 | 人在他人眼中的样子

舍本逐末之举。因为人们通过夸大这种女性荣誉，捏造出一个绝对的价值；而实际上它和所有其他荣誉相比，只具有相对性。我们其实可以说，女性荣誉只具备一种因习俗而变迁的价值。人们可以从托马修斯的《论情妇》中发现，在古往今来的所有国家，直至路德的宗教改革，不正当的同居在法律上是某种被允许和认可的关系，借此，同居的男女双方也不会因此而失去荣誉，更不用说发生在古巴比伦的米丽塔神庙①中的事了。当然，也有一些国家的公民只能有婚姻关系，特别是在天主教国家，在那里是没有离婚发生的。

但是，通常来看，按照我的看法，对于统治者来说，如果他们把女人当作情妇，而不是接受一个门第不匹配的婚姻，那这样的做法会更加合乎道德。因为这种贵庶通婚的后代，在合法继承人都死之后，就会提出继承权位的要求。由此，这种婚姻可能引发一场内战，尽管这种情况不太可能发生。并且，这种贵庶通婚是根本不考虑所有外在情况而被缔结的。它基本上就是允许女人和神职人员结合的许可证，我们对这两种人要小心，尽可能不要做出让步。

我们可以进一步看到，在国家中，每个人都有权利选择

---

①米丽塔是古巴比伦神话中的爱神、生殖女神、战神和农神，拥有无数男性伴侣。她常常以双性人出现，有时是胡须满面的男性，有时是露出丰满胸部的女性，被人视为淫乱的象征。传说古巴比伦人荒淫放纵，道德败坏。每个古巴比伦妇女，在其一生中，都要到米丽塔神庙去当圣妓。她们在神庙里和陌生男人同房，却不因此被歧视，相反会被视为米丽塔女神的替身。——译者

◆ 人生的智慧 ◆

The Wisdom of Life

一个女人作为他的妻子,但有一个人却被剥夺了这一自然权利,这个可怜人就是这个国家的国王。他的手属于他的国家,他出手找对象只能按照国家的根本法,也就是根据国家的利益。但是,他毕竟是一个有血有肉的人,也期望有一次可以随心所欲。因此,阻止或指责君王试图拥有一个情妇的行为,既不公正,也不感恩,与市侩所为一致。只要这个情妇不影响这个国家的统治,那么她应该被人们勉强接受。从女性荣誉方面来看,这样一个情妇从某种程度上来说是一个例外,一个在普遍规则之外的人。因为,她已经把自己仅仅献给一个男人,他们相爱相守,但永远不能结婚。但是,一般来说,女性荣誉的原则的根源并不是纯粹自然的,从那里产生许多流血牺牲。我们已看到,由于这种荣誉,很多婴儿被杀,很多母亲自杀。

一个女孩由于一个男人的非法诱惑,向这个男人屈服了,她当然就犯下了错误,不再忠诚于全体女性;虽然这种忠诚没有被公开要求和盟誓。并且,在通常情况下,与她的劣行相比,她的福利因此而遭受最直接的损失。

由女性荣誉引发男性荣誉,这也就是男性的集体精神。男性的集体精神既然要求男人签订了对对方有利的投降合约,承认双方结成夫妻,就会关注这份合约是否被遵守。如此一来,由于执行这条合约时的松懈,使之失去稳定性,这些情况就会被杜绝。既然男人因为这个条约放弃了一切,那么至少要保证男人独占女人这个条款的有效性。

为此,男性荣誉要求男人必须严厉对待他的妻子的出轨行为,至少通过与她离婚来惩罚她。如果他容忍了妻子的背叛,那么他就会遭到男同胞的侮辱。但男人的这种侮辱,远远不如女人失去女性荣誉所遭受的损失,反倒只是一个微不足道的瑕疵。因为,就男人而言,两性关系相对于其他更重要的事务而言不过是次要的。在近代,有两个伟大的戏剧诗人各自两次以男性荣誉作为他们的主题:莎士比亚在《奥塞罗》和《冬天的故事》,卡尔德隆的《医生的荣誉》和《对秘密侮辱的秘密报复》。除此之外,男性荣誉要求男人仅仅对女人、而不是对这个女人的相好进行惩罚;对后者的惩罚是一种超越需要的战果:这证实了男性荣誉来自男人的集体精神。

正如我到此为止所考察的荣誉的种类和原理,荣誉在所有民族、所有年代都普遍有其效用;虽然女性荣誉被证实其原理在区域上和时间上有一些修改。

有一种荣誉却与上述普遍有效的各种荣誉不同,希腊人、罗马人对它都没有一个概念,直到现在,中国人、印度人和伊斯兰教徒对它的了解也很少。因为,这种荣誉最开始在中世纪产生,并且只在盛行基督教的欧洲那里变成本土的东西。现在接受它的人只是一小部分极端的人,即社会上流阶层的人和竭力效仿他们的人。这种荣誉就是骑士荣誉。它的原则与我们目前为止所讨论过的荣誉原则完全不同,甚至有些部分完全相反。因为骑士荣誉培养出"荣誉人士",而其他荣誉却造就有荣誉感的人。所以，我接下来一一列举骑士荣誉的原则，它们是骑士荣誉的准则或者镜子。

1）骑士荣誉并不存在于别人对我们的价值的评价，而完全存在于这种评价是否被表达出来，不管这种表达出来的评价的存在是真的还是假的，更别提这种看法是否确有根据了。

因此，尽管别人对我们的言行举止没有什么好的评价，他们喜欢怎么蔑视我们也行，但只要他们不敢把自己的评价说出来，那么，他们也就一点儿也不能损害我们的荣誉。相反，如果我们为了让别人对我们毕恭毕敬，就通过我们的能力和行为强迫别人（因为这并不依赖于他们的意愿），那么，只要某个人——他可能是最卑劣、最愚蠢的人——表达出了他对我们的鄙视，我们的荣誉就受到损害，如果不修复它，我们就将永远失去它。

对骑士荣誉最为关键的，绝不是别人对我们的评价，而是这种评价的表达。对这个原则，我们可以提出更充分的证明：如果一个人收回他的诋毁，必要时向我们道歉，那么这件事就像没有发生过一样。这是否就此改变了他的评价，以及这种改变发生的可能原因，这些就无须赘言了。只要这种评价的言论被当众否定，那就万事大吉了。这个原则不是教导我们去努力赢得尊严，而是教导我们坚持捍卫尊严。

2）一个男人的荣誉并非取决于他的所作所为，而是取决于他所遭受的磨难，取决于发生在他身上的事情。如果说，先前所谈论过的普遍有效的荣誉，根据其原则，只依赖于一个人说了什么、做了什么；那么，与此相反，骑士荣誉则依赖于任何其他人说了什么、做了什么。

　　骑士荣誉掌握在别人的手中，确切地说，挂在别人的舌尖。它一受到攻击，就可以在片刻之间绝尘而去。除非受到攻击的骑士通过下文将要提及的补救措施，夺回他的荣誉，只是这样做的话，他就要冒着失去他的生命、健康、自由、财富以及他的心灵安宁的风险。

　　如此看来，即使一个骑士的所作所为是最正派、最高尚的，他的心灵是最纯粹的，他的头脑是最杰出的，但一旦某个人去辱骂他，他的荣誉就岌岌可危了。不过，这个侮辱他的人却未必损害了骑士荣誉的规则，他可能仅仅是那最卑鄙的流氓，那最愚蠢的畜生，一个懒汉，一个赌徒，一个欠债人，等等，总而言之，一个不值得我们去搭理的人。正如塞涅卡所言："一个人越是卑鄙可笑，他就越喜欢搬弄是非。"这种人最容易被人煽动去反对上文所描绘的骑士，因为对立的两类人都各自憎恨对方，而且，一文不值的人看到别人的突出优势时，只会酝酿不动声色的愤怒。对此，歌德说：

　　　　为什么要抱怨你的敌人？
　　　　这些人本来应该成为你的朋友吗？
　　　　你的本性，
　　　　就已在暗地里永远指责他们。

　　　　　　　　　　　　　　——《西东诗集》

◆ 人生的智慧 ◆

The Wisdom of Life

我们发现，卑鄙无耻的人最应该感谢骑士荣誉的原则。因为无论是他们，还是那些他们在任何方面都难以企及的人，这个原则都将一视同仁。如果这种无耻之徒辱骂了别人，宣称别人有卑劣的品行，那么这个骂名就立刻生效，充当客观、真实、有依据的判决，一个具有法律效力的律令。如果被骂的人不能立刻洗刷骂名，那么这个骂名就永远实至名归了。也就是说，在"荣誉人士"眼中，被骂的人保留骂他的人（这个人可能是地球上的末等公民）给他的骂名，这样他就（用术语来说就是）"独坐冷板凳"。他因此受到"荣誉人士"的彻底鄙视，别人将把他当成一个臭东西一样，避之唯恐不及，例如，大声公开拒绝他参加任何社交活动，等等。

这种高妙的基本观点，我相信我能够准确地回溯其来源。（根据韦斯特的《德国历史与刑罚文集》）从中世纪到15世纪，在刑事诉讼中，不是原告去证明被告有罪，而是被告对其无罪进行辩护。在这个过程中，被告必须宣誓，他本身是无罪的；被告只需要找到一个对他的起誓担保的人，这个人必须作证，被告没有做假誓。

如果被告没有担保人，或者原告否认这个担保人，那么"神意审判"就出现了，这种审判通常在决斗中产生。因为，被告现在已经是一个"蒙耻的人"，必须雪洗自己的耻辱。我们在这里看到了"蒙耻"这个概念和事情全部过程的来源。今天，这种事还在"荣誉人士"中发生，只是忽略了誓言。

同样在这里，我们要解释"荣誉人士"的必要的愤怒。"荣誉人士"因为受到谎言的指责而勃然大怒，为此发誓要进行你死我活的复仇。由于谎言在日常生活中屡见不鲜，这种决斗式的复仇就显得罕见了；但是在英格兰，人们尤其对这种复仇产生一种根深蒂固的迷信。（其实，如果一个人因为别人的一个谎言而去追杀他，那么这个人自己也必须终其一生不说谎。）

在中世纪的犯罪诉讼中，形式同样更简单。被告一旦反驳原告说："你在说谎。"事情立刻就由"神意审判"来判决。对此，《德国历史与刑罚文集》说，根据骑士的荣誉法典，对于谎言的指摘，骑士必须即刻诉诸武力。

关于辱骂就谈这么多了。

但是，现在还有一种比辱骂更使人愤怒、恐惧的事情。虽然我仅仅在骑士荣誉的法典中提到它，但我必须请求"荣誉人士"原谅。因为我知道，光想到它，这些"荣誉人士"就毛发悚然，因为它是世界上最害人、最邪恶的事情，比死亡和毒咒有过之而无不及。这种事人们不敢说，那就是一个人给别人一个耳光，或者殴打他。这是一个可怕的攻击，会导致一个人丧失他的全部荣誉。如果荣誉的所有其他损害可以通过流血来补救的话，那么对于这种荣誉的创伤，只能以死相拼，方可完全修复。

3）骑士荣誉完全不涉及一个人的所作所为，或者说，对这个人的道德素质是否会发生变化等这些吹毛求疵的小问题一点也不在乎。一旦它受到侵害，或者立刻消失，那么我们只需毫不迟缓地拿到那唯一的灵丹妙药——决斗，它就立刻完整无缺地被修复过来了。

但是，如果侵害者并非信仰骑士荣誉之法典的阶层，或者只是第一次违背这个法典，那么不管这种荣誉侵犯是殴打还是辱骂，我们就可以采取更可靠的措施。期间，如果我们有武器在手，就可以当场或者一个小时以后一剑捅死他。这样，我们的荣誉就完好无损。

此外，如果我们出于担心由此带来的麻烦，不想迈出这一步，或者如果我们只是不确定这个冒犯者是否服从于骑士荣誉的法则；那么我们可以贴上一副止痛药，得到好处。这副止痛药就是：如果这个冒犯者言行无礼，那么我们以更无礼对之。如果他不光动口还动手，那么我们大可挽袖而上，这是一个拯救荣誉的极致。他扇我们耳光，我们就挥棍打他；他挥棍打我们，我们就拿鞭抽他；他拿鞭抽我们，有人甚至以啐唾沫为上上之策。只有当所有这些手段不能立刻奏效时，血洒决斗场才在所难免。其实，这些止痛妙方在后面的格言中有其根据。

4）遭受别人辱骂是一种耻辱，而辱骂他人则是一种荣誉。例如，我的对手可能站在真理、正义和理智一边，我却要辱骂他；那么事实就会被束之高阁，我就成为正义和荣誉的化身。他反倒会暂时失去了荣誉；他不能采取什么正义和理智的手段，而只有借助枪击或者刺杀，才能恢复他的荣誉。因此，辱骂是一种品质。从荣誉的角度来看，辱骂可以代替任何其他品质，或者超越它们。最无礼的人无论如何总会高举正义旗帜。

为什么还要说那么多呢？一个人虽然可能集愚昧、粗野、卑劣于一身，但是一个无礼的行为就可以将这些一扫而光，并使无礼合法化。别人可能在一次讨论中，或者一次谈话中，展现出比我们更正确的专业知识，更严格的真理追求，更理智的判断推理。这使他俨然精神卓越，把我们笼罩在他的阴影之下。而我们只需咒他骂他，便可一举抹杀他的所有优势，掩盖他所揭露的我们的劣势，同时反过来甚至会显得我们高他一筹。因为无礼可以在任何争论中取胜，令所有精神黯然失色。因此，如果对手不和我们玩粗野的一套做法，而是以更高级的方式来回应，我们就此建议在贵族的比赛中解决问题，那么我们仍然是胜利者，荣誉还是站在我们这边。真理、知识、理智、精神、机智通通被打破，被神圣的无礼棒杀出场！

因此，如果别人对"荣誉人士"发表了他的评价，这个评价违背了"荣誉人士"的荣誉，或者只是比他们在战场上展现的东西表现出更多的思想，那么他们就立刻做出跨上战马的表情。如果他们真的踏进针锋相对的辩论战场，一旦有某些东西让他们失败了，他们就找出他们随身装备、随手可得的粗野，借此他们就高奏凯歌，胜利而归！

现如今，我们也可以看到，荣誉原则被称赞说它提高了社会中的格调,这是多么正确。这里的法则又以下面的法则为基础,它是真正的基本原则,是全部规则的灵魂。

5)对于信仰骑士荣誉的人而言,能够唤醒人们对不同形式的正义进行最高审判的东西,就是人们的身体力量,也就是,说我们的动物性。因为撒泼行为表明,人的精神能力之间、道德正义之间的交锋,已对问题束手无策,只能是人的身体能力之间的搏斗取而代之,所以每一个撒泼行为事实上就是动物性的一个提醒。

富兰克林把人类这个特殊物种称为"会制造工具的动物",这样一来人类也制造出了属于自己的武器,身体搏斗也就在决斗中闪亮登场。这一基本法则尽人皆知。一言以蔽之,可以将之称为"武力自卫权",它与"荒唐"相媲美,并因此也具有嘲讽的意味。所以,按照"武力自卫权",我们也可以把骑士荣誉称为"武力荣誉"。

6)早在上文中,我们已经审慎地发现了市民荣誉所包含的三个方面:人与人的利益、协定的义务和给定的言词;那么,相比之下,我们现在所讨论的骑士荣誉原则,在处理上述人际关系时,则显示了最高贵的豁达。换言之,在公民的所有荣誉中,只有一种话绝不允许被推翻,那就是誓言;也就是说,当人们说"以我的荣誉作为担保"时所引出的话。

从这里产生了一个假设:任何其他话都可以被推翻。甚至只有那万灵药——决斗,推翻荣誉誓言,才能挽救荣誉于危难之中;而决斗的另一方,可能是那个声称"我们已经说过荣誉誓言"的人。

进一步地,世上只有一种债我们必须无条件地还清,那就是赌债,它因此也有"荣誉债务"之名。至于所有其他债务,就让人们像犹太人和基督教徒去互相扯皮吧,这绝不让骑士荣誉蒙受耻辱。

公平的人一眼就看出,这一奇诡而野蛮可笑的骑士荣誉法则,并非基于人类之本性,或者是由人类关系的理智认识带来的。对此,可以通过它的作用的极其有限范围来证明。换言之,只有在欧洲,并且只是从欧洲中世纪开始,并仅仅在贵族、军队和竭力效仿他们的人那里,它才能发挥作用。

因为不但是希腊人、罗马人,甚至是接受了高水平教育的亚细亚人,从古至今,都不知道关于这种荣誉及其法则的任何东西。他们除了我开头所说的那些荣誉,再也不知道所有其他荣誉。他们关注的是他们所熟悉的人的所作所为,而非在他们耳边说长道短的人的话。对他们所有人而言,一个人所说的话、所做的事,这些只能毁掉这个人自己的荣誉,却无法侵犯别人的荣誉。他们认为扇耳光只是扇耳光,正如每匹马和每个蠢人都更能置他们于危险之境一样。触怒他人的人,按照情况,有可能当场就遭到报复。不过,被触怒的人的报复却不是为荣誉而战,也绝不会拿着一本账目,将扇耳光、辱骂,以及由此而得到的,或者应该索取却被忽略的"决斗",一并登记在册。在英勇果敢与舍生赴死方面,这些民族绝不居于欧洲基督教徒之后。

◆ 人生的智慧 ◆

The Wisdom of Life

希腊人和罗马人真可谓英雄！但是他们却丝毫不知"骑士荣誉"为何物。他们认为决斗并非贵族所为，而是自由的角斗士、待售的奴隶和定罪的犯人才会去角斗；只为了供他人赏玩，这些人与轮番上场的野兽互相追猎、搏杀。

随着基督教的传入，古罗马的这种斗兽游戏被抛弃了。在基督教时代，以神意审判之名，决斗的双方站在原先人与野兽的位置上。斗兽可能是残酷牺牲，以满足大众的好奇心；而决斗这种残酷牺牲，却带来偏见。但是，决斗中牺牲的人不是罪犯、奴隶和囚徒，而是自由民和贵族。

保存下来的大量考古结果向我们证明，古人对骑士荣誉的偏见是完全陌生的。例如，一个条顿民族的酋长曾经以决斗向马略①挑衅，这个英雄答复这个酋长说："如果他嫌自己活得太久了，他大可以上吊自杀。"不过，后来英雄赠给酋长一个退役的角斗士，酋长就可以和这个角斗士搏斗。

在普鲁塔克的书里，我们读到，当舰队司令尤利比亚德斯在跟狄密斯托克利争吵时，举起棍子要打他。但狄密斯托克利并没有拔出佩剑，相反，他说："你打我吧，但你要听我把话说完。"有"荣誉"的读者读到这个故事，肯定对此心生不满、耿耿于怀，因为在雅典的军官团中，竟然没有谁想要向这样一个狄密斯托克利辞职抗议！所以，一个当代法国作家说得绝妙："如果有谁竟然声称，德摩斯梯尼是个爱

---

① 马略（约公元前157-前86年），古罗马军事统帅、政治家。——译者

慕荣誉的人,我们只能报之以同情的微笑。——西塞罗也不是执着于这种虚荣的人。"(杜朗,《文学之夜》卷二)

除此之外,在柏拉图那里,也有一段讨论虐待的文字足以说明,古人并没有以骑士荣誉的观点,对这类事情主张进行报复。苏格拉底由于经常与人辩论,常常被人拳脚相向,他却能够忍受这些。有一次,他吃了别人一脚,却谈笑自若,并对那吃惊不已的人说:"如果一头驴撞了我,我也要控诉它吗?"(狄奥根尼,《名哲言行录》)还有一次,当一个人问他:"那个人是不是在辱骂、挖苦你?"他回答说:"不,因为他所说的那个人与我不符。"

斯托拜乌在《穆索尼乌斯》中留下一长段文字,我们从中可以发现古人是如何对待侮辱的。他们只有法庭赔罪这回事,明智之士甚至都鄙视这样做。在柏拉图的《高尔吉亚篇》中,我们可以清楚看到,古人在遭到别人扇耳光时,并不需要别人赔礼道歉,而只需在法庭上解决。苏格拉底对此事也有评论。同样的事情也在《吉里斯的报道》中被描述。一个叫卢习乌斯·菲拉提乌斯的人恶作剧,在街上遇到每一个罗马公民,没有说任何理由,上去就给他一巴掌。为了避免事情扩大化,他让一个奴隶背着一袋铜钱陪同他,向那些目瞪口呆的人,立刻付清法定的伤害费。

著名的犬儒派哲学家克莱特斯,有一次被音乐家尼可德罗穆斯重重扇了一记耳光,脸上又肿又胀。他于是就在额头上贴上标记,上面写着"尼可德罗穆斯之作",这使那位笛

◆ **人生的智慧** ◆
The Wisdom of Life

手大感羞耻，因为他竟敢对备受全雅典尊崇的哲学家，做出如此粗鲁放肆的举动！

在写给美莱希普斯的一封信中，西诺普的戴奥吉尼斯告诉我们，一些雅典青年打了他，不过他认为这事算不了什么。

塞涅卡在他的书《智者的坚持》中，从第10章到最后，详细考察了侮辱，只是为了说明，智者不在乎被辱。在第14章中，他说："但是，如果一个智者遭受别人的拳头之后，他该怎么做呢？当有人扇了卡图一巴掌，他没有发火，也没有为这个侮辱而报仇，更没有表示原谅，而是宣称，根本没有发生过这件事。"

"是的，"你们说，"但人家可是聪明人啊！"——那你们就是笨蛋？可以理解。

因此，我们看到，古人对所有骑士荣誉法则是全然陌生的，因为在人类的所有事务中，他们总是保持无偏见的自然态度，也正因如此，他们无法信服这种引来灾难的、邪恶的胡闹。所以，他们认为挨耳光就是挨耳光，一个轻微的身体受伤。

而新时代的人却将之视为灾难，成为悲剧的题材。比如，柯乃尔所写的"Cid"，还有，最新的一个德国市民悲剧叫《环境的力量》，其实更应将之称为《偏见的力量》：如果巴黎的一名国会议员挨耳光，那么整个欧洲都响亮着这个耳光的声音。

然而，在上文中，我所谈论古典时代中的事件和引用的例子,"荣誉人士"必然对此很扫兴。所以,作为补救,我在这里要特别介绍狄德罗的著作《宿命论者让·雅各和他的主人》中的德士葛兰慈。这是堪称现代的骑士荣誉的上乘典范,他必将激扬"荣誉人士"之精神,振奋他们的士气。①

从我在上文所做的考察,我们就足以明白,骑士荣誉的法则绝不可能是天然的,植根于人类的天性之中。它只是一个人为的产物,其根源也不难找到。很明显,曾经有一个时代,人们擅长用拳头解决问题,而非用头脑思考问题;因为人们的理性被神职人员用铁链锁住了。这就是备受赞扬的中世纪和它的骑士制度。那时,人们不仅让他们所热爱的上帝照顾他们,也让他审判他们。因此,困难的案件就交由"神

---

① 关于德士葛兰慈的故事,叔本华曾在其《荣誉简论初稿》中讲述过,在此补充如下:

一位叫作德士葛兰慈的绅士和另外一名绅士都信奉骑士荣誉原则,他们共同追求一位女士。有一次,两个人坐在桌子的一边,对面那边就是那位女士。德士葛兰慈妙语连珠,只为吸引女士的注意。但是,他的计划落空了,女士无动于衷,把他的话当作耳边风,倒是不时偷窥他的情敌。德士葛兰慈手中握有一枚鸡蛋,心中却有一股嫉妒和愤恨使他不禁把鸡蛋捏碎,蛋浆一下子溅到他的情敌的脸上。他的情敌愤怒之下就要发作,伸手就要拿武器,德士葛兰慈顺势抓住机会,凑到他的耳边悄悄说:"先生,我接受你的挑战。"大家一时沉默无语。第二天,德士葛兰慈出现,右脸颊上围了一层厚厚的黑石膏。当天他们就开始决斗了,德士葛兰慈重创对手,但生命无虞。德士葛兰慈下来之后把黑石膏揭下来了一些。对手痊愈之后,他们又进行第二次决斗,德士葛兰慈又击伤对手,黑石膏又变小了一些。如此进行了五六次,每次决斗完了之后,德士葛兰慈脸上的黑石膏就变小一点,直到他最终把他的对手杀死。

意审判"来决定了。决斗由此毫无例外地产生了,它不仅在骑士中进行,也在市民之中展开。在莎士比亚的《亨利六世》(第二部分第二幕第二景)中的一个形象的例子就足以证实这点。每个骑士在收到其审判之后,都可上诉,也就是说依靠决斗来解决问题。决斗是骑士审判的上级审判,亦即"神意审判"。现在,实际上是身体的力量和灵活性,亦即动物本性,而非理性,被请上了审判席。并且,决定一个人是正义的还是不正义的,不是他做了什么,而是发生在他身上的事情。时至今日,骑士荣誉法则还大行其道。

如果有人还怀疑这是决斗的来源,他就可以翻阅莫林根出版的佳作《决斗史》。确实,直至今天,在对骑士荣誉原则的支持者中,人们仍然会发现,这些人明显生来就是带着偏见去看事情,对事情不做深入思考,所以他们真把决斗的结果当作神对有争议的事情的判决。这当然是死守传统不放的看法了。

撇开骑士荣誉原则的起源不说,骑士倾向于通过身体力量的恐吓,妄图强迫别人对他在表面上的尊重,从而在现实中获取尊重,这种做法困难且多余。这种做法差不多就像人们手握温度计的水银球,加热水银,希望水银温度的升高会让屋子暖和起来。

我们进一步思考,就会发现事情的关键:公民荣誉能够使人与人之间有友好的交往,别人对我们的评价是:"这个人完全值得信赖。"因为我们对每个人的权利都无条件地重视。而骑士荣誉则认为我们是可怕的,因为我们总是做出要无条件捍卫自己的权利的样子。

在骑士荣誉中,与享受信任相比,让自己变得可怕更为重要。当人们生活在自然状态中,每个人都只会保护自己,只会无条件地捍卫自己的权利。所以,建立社会公平变得无足轻重,甚至是完全错误的。但是,人们在文明状态中,国家承担了保护我们的人身安全与财产安全的责任,那么骑士荣誉原则再无用武之地。它们就像来源于武力自卫权时代的城堡和瞭望塔,此时也不再行得通,被抛弃了,取而代之的是井然有序的农田和方便快捷的公路,甚至还有铁路。

因此,坚持骑士荣誉的人只能将其运用在人身攻击的小案件,因为国家对这些案件仅仅进行轻微的处罚,或者按照"法律不管琐事"的原则,不予处罚,这样它就毫无意义了。这种人身攻击可能是侮辱,或者有时纯粹是嬉戏而已。

但对于这些芝麻大的小事,骑士荣誉却大做文章,将其视为与人的本性息息相关的问题,乃至过分尊重人的价值,将人夸大成神圣的族类,与人的天性、体能和命运相差万里。这样一来,国家对这些人身攻击的处罚力度被认为是远远不够的,人们就要自己惩罚冒犯者,而且往往直取冒犯者的生命。

显而易见,骑士荣誉基于人们偏颇的鲁莽和过分的傲慢,这种人完全无视人的真实本性,认为自己无可指摘,要求他人绝对不可侵犯自己。不过,如果任何人企图运用暴力去贯彻这一主张，并宣示这个格言："谁辱骂我，谁打我，他就必死无疑。"①那么，这种人其实应该被建议驱逐出境。因为人们为了给任何这种狂妄鸣锣开道，会摆出千奇百怪的道理。两个无所畏惧的人都说："我决不会向任何人屈服！"当他们相遇时，就会从最微不足道的碰撞发展成破口大骂，然后拳脚相加，最后以死相拼。所以，这样反倒会好一点：为了跳过中间这些细小的麻烦，人们应该直接拔刀上阵。这种奇诡的处理方式遵循法律和规则，陷人们于食古不化的迂腐体系中。这体系有世界上最严格的程序，像一个崇拜蠢材的荣誉神殿。

但是，荣誉原则本身是错误的：两个蛮横的人在解决琐碎的小事（重大事件总是由法庭负责）时，聪明一点的人会做出妥协，允许两个人保有自己的意见。现实告诉我们，为

---

① 骑士荣誉是一种既傲慢又愚蠢的荣誉。（把骑士荣誉的原则中所有荒谬之处用一句简明的话来概括，那就是："贫乏就是亚当的命运。"）骑士荣誉的高傲无以复加，而且只会在盛行基督教的欧洲上流社会中可以发现，它的信徒将谦恭这一表面功夫视为职责所在，做得最为到位。然而这些原则既非古代，也非现代所认可的道理。人们不是将这些原则划归宗教，而是当作一种封建制度。在这套制度之中，每个贵族俨然是一个小小的君王，人间的法官不许超越其上，他们学会授予人们一种不可侵犯的权利和神圣特质。也就是这种权利，赤裸裸地允许殴打和辱骂所招惹的暗杀行为，死伤也在所难免。与此相应，荣誉原则和决斗根本来说就只会事关高贵之争，结果，在随后一段时间，世俗官员有时候根本难以履行职责，不能将另外比之等级高的阶层关押在案。哪怕决斗交由神意审判处理，它们也并非出于上帝的意旨，而是荣誉原则的结果和落实。然而，谁要是没有认可法官在决斗中的作用，谁就会被告诫此乃上帝的审判。不过，决斗并非基督徒所独有，在印度人那里尤为盛行，虽然大部分发生在古代，但如今仍可发现遗风犹存。

数不少的所有阶级的普罗大众，他们并不赞成骑士荣誉原则，因此任凭争执顺其自然得到解决。在这些人中，动武致命的数目是誓死效忠骑士荣誉每一个原则的人的百分之一，在这个社会中甚至都占不到千分之一，连他们的打架斗殴也是稀罕事。

然而，有人声称，每一个骑士荣誉原则，都是社会良好习性和淳朴民风的最后支柱，它们以决斗来筑起抵制粗鲁言辞和放肆行为的碉堡。不过，雅典、柯林斯和罗马无疑是非常好的社会，在那里盛行良好习性和淳朴民风，没有将骑士荣誉插在身后作稻草人。在早先社会，人们并不像我们一样，把妇女的社会地位抬得很高，就像看重轻佻浅薄、傻里傻气的品格一样，并与意义深刻的谈话绝缘，这的确促使我们社会在众多素质中更强调勇气。然而，勇气无非是一种等而下之的素质、一种军人的美德。动物的这种美德不消说，肯定比人类强得多，所以人们常说："勇猛如狮。"

实际上，骑士荣誉原则恰恰并不能激发人们勇猛如狮的气魄；相反，它是各种人类陋习的避难所，这种陋习在大事上体现为不忠、低贱，在小事上体现为粗野无礼、鲁莽蛮横。因为人们善于对各种刁横野蛮忍气吞声，只恐斥责恶举会招来杀身之祸。

我们可以看到，与此完全相符的是，在对决斗最狂热、对嗜血最渴望的地方，恰恰就是一个在政治和财政事务上信誉最不好的国家。至于这个国家中民众的私人生活怎样，可以问那些对此有经验的人。这个国家也就因为完全没有礼节和社会修养而臭名昭著。

因而，所有骑士荣誉原则的托词是远远不能站得住脚的。更有说服力的说法是：就像这种情况，当你对一只狗咆哮时，它也对你咆哮；当你抚摸它时，它就对你大摇尾巴。人类的本性也是如此。人在受到冒犯时也会去冒犯别人，做出鄙视、仇恨之举。对此，西塞罗已经说过："侮辱会留下刺痛，哪怕是最理智、最善良的人也难以忍受。"在这个世界上，除了某些教派之外，没有人能够泰然面对辱骂和殴打。人的天性只会引导我们做出适度的复仇，而绝不会要把指责我们说谎、胡闹、怯懦的人赶尽杀绝。古日耳曼的"挨耳光得用匕首偿还"原则是一个蒙辱的骑士的偏颇看法。对来自他人的欺辱，任何反驳或者复仇都只是人们出于愤怒而进行的，并非骑士荣誉原则顶礼膜拜的荣誉和义务。

我们可以完全确定的是，别人的任何指摘说得越对，其伤害也就越大。在此也可以进一步看到，即使我们只是轻描淡写地提及一个人的软肋，那也比空口无凭的谴责，有更大的伤害力。然而，骑士荣誉原则却要求一个人在他还未受害的感受上大做文章，对尚未侵犯到他的侮辱以血偿还。事实是，一个人要是急于强行打断别人说出对他不利的话，那么，这个人肯定对自己的价值没有多大信心。一个真正懂得欣赏自身价值的人，会对别人的侮辱置若罔闻；一个自轻自贱的人，就不会那么豁达，会仰仗所谓的机智和教养，挽回自己的面子，隐藏自己的愤怒。

我们必须消除对骑士荣誉原则的偏见，因为它使我们误认为，辱骂与所有人的荣誉的丧失和获得息息相关。当遭受不公、无礼时，不要动辄诉诸武力，以死相逼，乃至使这些反应合法化。唯其如此，大家才会一致同意这个观点：如果发生了贬损、侮辱他人的事情，那么在由此而引起的纠纷中，输家就是赢家。正如文森佐·蒙蒂所说的那样："侮辱就好像教会的游行，它会回到起点。"真能够如此，人们才能够让洞见和理解在交谈中产生，而不必像现在那样，为了维护自己的权利，摆出一副歹徒嘴脸，提心吊胆地防止自己去与那些狭隘而笨拙的意见相冲突，因为这些意见只会招来人们的愤怒。但理智的头脑往往和糟践理智的肤浅头颅陷于一场掷骰子游戏似的争斗之中。

由此说来，只有在思想交锋的社交活动中，理智才获得它的优先权。现在，动物式思考和野蛮行为夺去了这种优先权，虽然人们对此总是遮遮掩掩。不过，那些优秀的人们少了一条参加社交的理由。这种转变带来真正的社会良好风气，为健康有意义的社交扫清道路。不用怀疑，这种社会在雅典、柯林斯和罗马也曾经存在过。谁想去验证这一事实，我建议他去读色诺芬的《会饮篇》。

但是，对骑士荣誉法则进行最终辩护的人会大声反驳："哎呀，上帝与我们同在！这样一来，一个人不就能随便殴打另一个人了吗！"对此，我可以简短地回答：在一个社会中，一千个人里面有九百九十九个人不会认同那些法则。一般情况下，如果一个人挨了打，他不会想要让打他的人以死谢罪；然而那些骑士荣誉的信徒却往往在这种情况下，非要置人于死地。但是，我还要深入地讨论这个问题。

人类社会中的一部分人有一个根深蒂固的观念，即挨打是一件非常严重的事情。为了能够解释这个观念，我试图找出一些理由，这些理由可能存在于人的动物性中，也可能存在于人的理性中。无论如何，这些理由要说得过去，或者至少信得过，不是一些花哨的说辞，而是清晰明白的词语。但是我这样做只是徒劳的。挨打是一件身体受伤害事件，并且仅仅如此。一个人挨了打只能说明打他的那个人比他更强壮，更灵活，或者挨打的人当时对此毫无防范；除此之外，再没有其他解释。

此外，我还见过一个骑士，他认为挨人拳头是最大的不幸，但他却能够承受他的马的一脚踢打，这一踢的力度可是那一拳的十倍。他即使挨这一踢之后，走起路来一瘸一拐，也还强忍着疼痛，信誓旦旦地说这一踢根本不算一回事。所以我就想，问题的关键在于那一拳头。然而，我见到，我们的骑士能够忍受战争中同一只手被刺伤、砍伤，然后向我们拍胸膛说那是小事一桩，不足挂齿。我还听说，挨马刀的刀面拍打远远没有挨棍子打那么糟糕。所以，前不久，军校学生就宁愿忍受前者而不是后者的惩罚。现在，挨骑士刀面的拍打已成为最高的荣誉。

至此，我完成了对骑士荣誉原则的心理和道德原因的考察。骑士荣誉原则只是一个古老的、根深蒂固的偏见，这是人们迷信传统的又一个例子。一个人尽皆知的事实也证实这一点。在中国，杖责是在老百姓中司空见惯的惩罚，甚至在各级官吏那里也是如此。这告诉我们，人性，即使是在高度文明的国度那里，也不会主张骑士荣誉原则。

如果我们毫无偏见地看看人类的本性，就可以发现，打架斗殴是人类中很自然的事，就像撕咬是野兽的天性，冲撞是带角动物的天性，人类也同样是一种会打架的动物。

因此，在某些情况下，如果我们听说一个人咬了另外一个人一口，我们会大大震惊；相反，一个人殴打别人并由此遭到相同的报应，我们就会认为这是很自然的。

当双方是受过良好教育的人，他们就彼此能够自我克制，从而避免动刀动枪，这是很容易理解的。如果有人蒙骗一个国家或者仅仅是一个阶级，告诉他们挨打是一个可怕的不幸，由此必然导致谋杀和死伤。这是非常残酷的事情。

在这个世界上，实实在在的灾难已经够多了，已经无法允许人们再凭空添加那会带来真正祸患的虚构之物。然而，这正是那些愚昧、恶毒的迷信正在做的事情。

正是基于此，我甚至会反对统治阶层和立法团竭力去禁止在平民和军队中的体罚行为，这样做只能助长骑士荣誉迷信的蔓延。他们相信借此会对人类之慈悲情怀大有裨益；事实却与之南辕北辙，他们这样做只会加固那违反自然、亵渎神灵的幻想，为此它们已经带来如此之多的牺牲了。在所有违法行为中，除了最严重的个例之外，人们最先想到的是给犯人一顿痛打。因此，这样的处罚是合乎自然的：谁要是不

◆ 人生的智慧 ◆

The Wisdom of Life

讲道理,那就跟他讲暴力。如果一个犯人没有钱接受罚款,而人们又需要他的劳动,剥夺他的自由以作惩罚只会带来坏处,那么,以适度的拳脚来惩罚他,就既划算又合乎自然。

假使一个人没有什么其他理由来对此进行反驳,那么他只会叫嚣"人类的尊严";但这个花哨的说辞并非清晰的概念,而只是为我们已经说过的百无一利的迷信鸣锣开道。对此的辩护有一个可笑的事例。

不久前,在一些国家的军队中进行体罚时,鞭笞被睡板床所取代,后者和前者一样,会带来皮肉之痛,但后者并没有损害受惩罚者的名誉和尊严。

但是,人们一直以来坚持这种迷信,推崇骑士荣誉原则,助长决斗之风;同时,在另一方面又试图通过努力,或者至少假装在努力通过法律来杜绝决斗行为。[①]结果,这种武力自卫权的残余从最野蛮的中世纪到19世纪,从上到下一直

[①] 政府貌似在遏制决斗之风,但与此同时,在大学里,这种风气却甚嚣尘上,要找到这一现象的根源,其实也不难。我的考察可以略窥一二。国家由于无力支付其公务员和平民员工的福利,因此就借助另外手段,让这些人"沽名钓誉",这在官衔、制服和等级那里就可以反映出来。既然为了让对员工的这种理想的福利以高派的方式得以维持,那么国家就无所不用其极,让人们服膺于荣誉感,尽管做过了头。不过,为了不让市民荣誉与骑士荣誉相提并论,因为市民荣誉人人皆有;那么,骑士荣誉就大派用场,只要人们说话算数。在英格兰,军人和市民的工资比在欧洲大陆的人高很多,无须所谓的救济。因此,英格兰在最近二十年决斗几乎销声匿迹,只会在极为罕见的情况下发生,并且还被视为一个愚蠢之举,受人嘲笑。诚然,强大的"反决斗同盟"——其成员有大量爵士、海军上将和大臣——对此贡献良多,而莫洛赫神定然也就无祭品可食了。

在鼓吹，乃至在这个世纪还阴魂不散，这实在是整个社会的奇耻大辱。现在终于到了谴责它的时候了，并且，我们要以此为辱，毫不留情地抛弃它。时至今日，人们已经不再允许斗鸡斗狗了（至少英格兰已经对此进行惩罚了）。但是，事与愿违，人们为了能够互相厮杀，鼓吹对愚不可及的骑士荣誉原则的可笑迷信，寻找鼠目寸光的代言人和主持人为他们赋予职责。这样，仅仅因为某些鸡毛蒜皮的事，就使他们摇身一变成为斗士，拔剑互搏。

为此，我向德语的纯粹主义者建议：德语词Duell很可能不是来源于拉丁语duellum，而是来源于西班牙语duelo，它的意思是灾难、诉苦、抗议，是对骑士互殴的称号。决斗这种假正经的行为被人们愚蠢地进行，为别人徒增笑料。

与此同时，骑士荣誉的每一个原则和它的荒唐法则，在一个国家中又建立一个国家。这个国家除了"武力自卫权"，就再也不承认其他东西。它设立一个神圣的宗教裁判所，对屈从于它的阶层实施暴政。在这个裁判所面前，每个人会因为极其微小的原因，就作为强盗被传讯，面临生或死的判决，并向它的淫威投降。很自然地，决斗就成为一个避难所，这个避难所盛产无赖，以及无赖所打造的世界。这些无赖来自各个阶层，尽管这些阶层中也有最高尚、最优秀的人，但高尚与良善必然会招来无赖的憎恨，这些人也因而受到无赖的威胁。

如今，法官和警察几乎使恶棍在大街上向我们喊："要钱包还是要活命？"同时，在一个和谐的社会生活中，健全理性

◆ 人生的智慧 ◆

The Wisdom of Life

最终也不会让恶棍冲我们喊："要荣誉还是要活命？"上流阶层的人应该解除心里的担忧——他们担忧每个人、每个眼神，仅仅因为让别人觉得粗鲁、无礼和愚蠢，就得搭上那个人的身家性命，但他们却听之任之。如果两个涉世未深的年轻人，由于一时头脑发热，互相出言冒犯，就得付出他们的鲜血、健康，乃至生命的代价，这不仅骇人听闻，也足可以此为耻。

人们常常因为自己的级别要么较高，要么较低，或者因为冒犯者的素质与他们不相称，就无法修复他们受损的骑士荣誉，于是就在绝望中自尽，导致一个既悲哀又滑稽的结局。

由此可见，每一个国中之国是多么邪恶，迷信的威力是多么巨大！如果这种事发展到顶峰，就会导致剑拔弩张的状况，它的谬误和荒唐最后大体上也揭开了温情脉脉的面纱。这种事最终就暴露出它里面的争论不休的二律背反：官员参加决斗是明令禁止的；但是如果有人向他提出决斗，而他又放弃的话，他就要接受停职处罚。

一旦我说起骑士荣誉这个话题，我就会详细地思考下去。如果我们清楚地、毫无偏见地审查这个问题，我们就会发现，它是这样被确立起来的：正如刚才所说，每个国中之国只承认匹夫之勇，也就是"武力自卫权"。它被誉为"神意审判"，它的法则以这个重要的、为人瞩目的差别为基础：人们是否手持与他的敌人相同的武器，公开地与之搏斗；抑或是设下圈套拿下对手。如果一个人是在第一情况中取胜，那么除了证明这个人比他的敌人更强壮、更机敏之外，并不能说明其他东西。

在公开决斗中寻找杀死对手的正当理由,预设了这样一个前提:强者的权力才是真正的权力。

但在事实中存在这样一种情况:如果对方不擅于自我防御,那么我只有杀死他的可能性,却没有杀死他的合理性。而这种合理性作为我杀死对手的道德理由,只能基于我要取他性命这一动机。现在,让我们设想这个动机是真实存在的,并且也是充足的。那么,让决斗这件事取决于我或者他更擅长枪击或者击剑,是完全没有理由的。相反,我无论用什么方式取他性命,是从后面还是从前面击杀他,这都是可以的。

因此,从道德的角度来看,强者的权力并未比聪明人的权力更为人所倚重,而聪明人的权力奉阴险狡诈为实用军师。在此,武力自卫权和脑力自卫权并无二致。

需要注意的是,在决斗中,武力自卫权和脑力自卫权两者同时发挥作用。因为在击剑中的每一个阴招都是奸计。如果我认为我取他人首级在道义上是说得过去的,那么,到底是他和我更精于枪击、击剑,让这种问题来决定决斗中的生死,则是愚蠢的。因为如果在那种情况下,对手不仅会反过来伤害我,甚至会取我性命。

卢梭主张,报复冒犯行为,不要通过决斗,而是要实施暗杀。他在《爱弥儿》的第四部分的隐秘的第二十一条注释中,谨慎地简述了这一主张。但他如此拘束于骑士的偏见,以至于他把遭受别人指责说谎也当作暗杀的理由;而他必然也知道，每个人所遭受的这种指责难以计数，并且，数他的次数最多。

通过公开的决斗，用相同的武器把冒犯者杀死，这样做才是合理的。这个成见明显主张武力自卫权是一个真实的权力，决斗是一个"神意审判"。相反，一个意大利人一旦被激怒，就找到他的冒犯者，毫不犹豫地挥刀上前刺杀。他这样做至少是坚定不移、合乎自然的。他比决斗者更聪明，但不会更卑劣。

人们可能会说：我在决斗中试图杀死我的仇敌时，他也在努力杀害我，这样我就获得了杀死他的正当理由。对此的反驳是：当我挑战他时，我就已经将他置于自卫的境地之中。我这种将双方置于自卫境地的做法，从根本上来说，仅仅是为谋杀寻找一个有说服力的托词。只要双方一致同意将自己的生命交给这种游戏，那么倒不如说，采用"对于想要如此的人来说，并没有什么不公"这个原则，听起来更有正当性。对此也会有人反对说，决斗者的自愿并不就使他获得决斗的正当性。因为骑士荣誉原则极其荒唐法则的暴政才是刽子手，它将决斗的双方，或者至少一方，拖到这个嗜血的法庭面前。

我详尽讨论骑士荣誉，初衷是善意的。因为在这个世界上，唯有哲学才是对抗道德和理智之怪兽的大力士。有两种主要的东西把现代社会状况与古代社会状况区分开来，并且前者被后者比下去。因为这两种东西赋予现代社会的人一种严肃、阴郁、不祥的特色；而古代看起来就没有这种特色，它更欢快、更不受束缚，就像生命的早晨。这两种东西就是骑士荣誉和花柳病——一对高贵的兄弟（贺拉斯语）！它们联手毒化了生命中的辩论与爱情。

花柳病乍一看好像也就那样，其实它的影响远远不止于此，因为它的影响绝不只是身体上的，更是道德上的。自从爱神丘比特的箭筒里装有了毒箭，男女之间的关系也就有了一种异质、敌对的魔鬼般的因素。结果，一种阴郁可怕的不信任就漫游在两性之间。人类社会整体的基石发生了这样一个变化，它的影响也就或多或少蔓延到其他社会领域。在此要是深入讨论它的影响，我就偏离主题了。

与此相似的是骑士荣誉原则的影响，虽然它有另一种性质。这个严肃的怪诞之物与古代社会异质，相反却使现代社会变得呆板、严厉和谨小慎微，因为每个人说的每句简短的话都要斟酌再三。然而不止于此！每个原则都是一个普遍的米诺陶斯①，这个米诺陶斯要求欧洲的每个国家每年向它献上一定数量的贵族家庭的儿子作为贡物，而不像古代的米诺淘那样只能逞淫威于一个国家。所以，现在正是放手一搏，勇敢斩杀这个傀儡的时候了，就像我在这里所做的一样。

就让我们在19世纪埋葬新时代的这两头怪物吧！医生会通过药物最终治疗花柳病，对此我们不会放弃希望。但是，了结这个傀儡，对这个观念进行正本清源，则是哲学家的

---

① 希腊神话中半人半神的怪物。——译者

事。因为，政府通过法律手段至今不能完成这个任务，只有哲学家才能将这个祸害斩草除根。

如果在政府中确实有取消决斗的生存空间的决心，而由于政府的无能，事实上它们的所有努力却鲜有成效，那么，我将向政府推荐一个法律，我保证它会成功。这个法律不必采取流血措施，也无需求助于断头台、绞刑架、终身监禁。毋宁说，这是一种最轻微的顺势疗法：谁向另外一个人提出挑战，或者接受别人的挑战，那么，就让他在光天化日之下，于警察总局前面，按照中国的方式接受军士的十二杖的责罚，其助手和证人则要接受六杖责罚。如果整个决斗已经发生，则按照普通的刑事诉讼程序。

也许一个有骑士思想倾向的人会向我提出反对意见：在执行这种惩罚之后，有些"荣誉人士"可能会一枪毙掉自己。对此，我的回应是：一个笨蛋毙掉自己总比他毙掉其他人更好。

归根结底，我非常清楚，政府不会真心诚意取消决斗之举。民政官员，特别是许多一般的官员（除了职位最高的官员之外），他们的收入远远低于他们的劳动之价值。结果，他们的另一半收入就由荣誉来支付了。荣誉的象征首先是头衔和勋章，其次，在更广泛的意义上来说就是一般阶层荣誉。既然阶层荣誉对于决斗而言就是骁勇的备用战马，那么在大学里就有关于荣誉的预备学校了。由荣誉带来了流血牺牲，也因此支付了官员薪资的不足。

要把荣誉说得全面，就得提及国家荣誉了。它作为全体人类的一部分，是整个民族的荣誉。在民族荣誉方面，力量是唯一的参会者，所以，每个民族的子民都有保护自己民族的权利。因此，一个民族的荣誉不仅存在于别人对这个民族的信用的评价上，还存在于别人对这个民族的畏惧上。因而，它绝不允许对其他民族的攻击姑息养奸。为此，它就把公民荣誉与骑士荣誉结合起来。

前面谈论了"一个人的显现"，亦即"人们在别人眼中的样子"，它的最后一部分还包括名声。我们还要对它再次进行考察。名声和荣誉是双胞胎。但是，它们就像宙斯的双生子：其中一个是布鲁赫，他长生不老；另一个是卡斯托，他难逃一死。同样，名声是那个长生不死的兄弟，荣誉是那个终有一死的兄弟。当然，这里的名声只能被理解为最高级别的名声，它才是真实不虚的；当然也存在各种短暂的名声。

此外，荣誉只包括在相同情况下，他人对我们所要求的素质；名声则包括别人不要求我们，但我们本身就具备的素质。荣誉要求每个人公开展示自己的这些素质，名声则是向他人炫耀自己。别人对我们有多少了解，我们就有多大的荣誉；相反，名声远远走在别人对我们的了解之前，并且让我们获得相应的荣誉。

每个人都对荣誉孜孜以求，但追求名声的却只有极少数，因为只有通过卓越的成就才可以流芳千古。这种成就要么是丰功伟业，要么是传世经典：在此就敞开通向万世英名的两条路。要建功立业，就要有一颗伟大的心；要创作经

◆ 人生的智慧 ◆

The Wisdom of Life

典，就要有一个卓越的大脑。

  这两条路都各自有自己的优点和缺点。主要的差别在于，功业如昙花一现，转瞬即逝；经典如明月高悬，万古常昭。纵使是最高尚的功业，其影响也不可长久；相反，杰出的经典却保持自己鲜活的生命力，被人们千古传诵。如果没有历史对功业进行记载，并且后代将之流传，使之处于一种石化状态。那么，对功业的纪念总是肤浅的、不成形的和冷漠的，渐渐地，我们甚至需要刻意去拯救这种纪念。但经典却会生命永驻，并且，一旦出版流通，就会福泽万代。当此之世，关于亚历山大大帝，我们仅仅保留了他的名字与对他的记忆；但是柏拉图和亚里士多德，荷马和贺拉斯，他们一直活着，直接影响着我们。《吠陀》和里面的《奥义书》至今为人传诵；但是，与它们同时代的那些功业，我们已经无从知晓。[①]

---

  ① 时至今日，仍流行一种趋势，人们为高抬某一部作品，就给它冠以丰功伟绩之名，这是非常糟糕的恭维。因为作品本身就远比功业高明。而一个功业无非是基于某个动机的行为，因而是破碎而短暂的，从而也就只是作为世界的普遍、本原因素之意志的附属物。相反，一个伟大而完美的作品会长久存在，因为它具有普遍的意义，与理智相应，没有过错，纯粹，宛如从意志世界飘来的一缕芬芳。

  功业的名声有一个优势，它通常会立刻降临给人带来巨大的震撼，以至于往往整个欧洲都对此赞誉不止。而作品的名声姗姗来迟，刚开始微弱，随后变得响亮，常常在百年之后才达到全盛。不过也正因为如此，它才会长盛不衰，因为它历经一个世纪的考验。功业的名声则与此相反，刚开始轰轰烈烈，继而势微，再而鲜有人知，最后只会在历史书上如鬼魅一样存在。

功业的另一个缺陷是它依靠机会，它首先只有借助机会才有可能实现。它与机会紧紧相关，这样，它的名声就不仅仅取决于它的内在价值，还要根据具体环境，被环境分享它的重要意义和光荣。因此，正如战争这种纯粹人为的行动，它有赖于极个别目击者的陈述，而这些陈述未必会存在，即使存在也不会一直是公正、无偏见的。不过，功业有这样一个优势：它们作为实际的行动，存在于人类的普遍判断力的范围之内。因此，如果功业得到正确的报道和流传，那么公正就自然会诞生。因为，它们的动机将首先被正确认识到，或者得到公正的评价；而对每一个行动的理解，都属于对这个行动的动机的认识。

相反，经典则是另外一种情况。它们的诞生不是依赖于机会，而是仅仅取决于它的创作者，并且，只要它们产生了，就取决于它们的思想内容。但是，在它们那里还存在评判的困难：它们越伟大，评判它们就越困难。一直以来，有才能、无偏见的正直法官极为少见。并且，经典的名声不是由一个法院所决定的，而是有一个永久的上诉过程。因为，正如前文所说，唯有后人才会纪念功业，也只有同时代人才能将之颂扬；但作品除了某些遗失的残稿，如果它们没有什么资料上的磨损，也没有因环境的某些不利影响而在事后被删除原稿，那么它们就会按照原样被流传下来。毋宁说，随着时间的流逝，会出现极少有真知灼见的法官，他们自己本身就是特例，还要把更伟大的特例载入史册。这些法官持续

◆ 人生的智慧 ◆

The Wisdom of Life

为经典提供举足轻重的支持。但是，有时历经几百年之后，才会出现一个公正的、后世无法改变的评价。这样，经典的名声就必然不可动摇了。

相反，经典的作者能否目睹他们的作品的名声，则取决于外部环境和偶然事件。经典越高深、越难能可贵，这种情况就越是罕见。对此，塞涅卡说得尤为出色："毋庸置疑，名声总是尾随成就，如影随形；当然，它也正如影子一样，忽焉在前，忽焉在后。"他解释了这一现象之后，又添上一句："即使嫉妒迫使所有和你在一起生活的人都沉默，也会有人不带嫉妒、不带偏好地做出评价。"此外，我们可以看到，在塞涅卡那个时代，无赖们与卑劣同为一丘之貉。为了使佳作不为人所知，无赖们恶意地保持沉默，假装视而不见，施展压制佳作的艺术。这正如我们这个时代的无赖一样，他们因嫉妒而紧闭嘴巴。

在通常情况下，名声越是长久流传，它越是姗姗来迟，因为凡是杰出的东西，它们总是慢慢成熟。那些日后将彪炳史册的名声，犹如一颗橡树，它从种子开始就极其缓慢地成长。而那些轻浮短暂的名声，恰似快速成长的一年生植物；平庸的名声则完全像那杂草，它迅速生长，也迅速灭绝。

这个过程实际上取决于此：一个人越属于后世，也就是说，真正属于整个人类，那么他就越与他的时代格格不入。因为他所带来的杰作并非是献给他的时代的特殊题词，也不会沦为这个时代的平庸之作，而只能成为整个人类的一部

Chapter04 | 人在他人眼中的样子

分。因此,他的杰作不会带上这个时代的局部色彩。结果很容易出现这种情况:他在这个时代籍籍无名。

毋宁说,时代只会重视那些毕生为俗事操劳的人;这些人服务于刹那的无常,因此也就属于这个时代,与这个时代生死与共。与此相应,通常的艺术史和文学史会告诉我们,在一般情况下,人类精神的最非凡的成就不受人待见。这种情况会持续很久,直到更伟大的精神得到了它们,并获益匪浅,对之钦佩有加。这样一来,这些成就凭借如此得来的威望,久享盛誉。

归根结底,所有这一切都取决于此:每个人其实只能理解并重视与他生命气质相同的东西。古板的人只能理解古板的东西,平庸的人只能理解平庸的东西,糊涂人只能理解糊涂物,无思想的人与呆笨的东西无异。最能被读者所理解的作品,就是那与读者在本质上相同的作品。因此,古老的传奇人物伊壁查默斯唱得很好,我把他的歌词一句不漏地翻译成德文:

> 我说出我的思想,这不足为怪;
> 而他们沾沾自喜,自以为值得称赞:
> 那么,犬对于犬最为漂亮;
> 那么,牛对于牛,
> 驴对于驴,正如,猪对于猪。

如果想要抛出一件很轻的物体,那么即使是最强有力的

◆ 人生的智慧 ◆

The Wisdom of Life

手臂也无法使它运动,让它飞远,并猛烈击中目标。相反,这个物体会很快在附近无力地坠落,因为它本身缺少能够接受外力的物质成分。出色且伟大的思想,甚至是天才的杰作也会有相同的遭遇——如果接受这些思想的人只具备狭隘、低能、偏执的头脑。一切时代的智者们都曾经为此而共同扼腕叹息。例如,西拉赫·耶数说:"谁和一个傻瓜讲话,谁就跟一个正在睡觉的人说话。话讲完了,傻瓜会问,你讲什么?"哈姆蒙特曾说:"狡诈的话正在蠢蛋的耳朵里睡觉。"而歌德说:

最好听的话也会招来嘲讽,
如果听者是个傻蛋。

他还说过:

你无能为力,世人麻木呆笨,
保持良好心境吧!
石头扔进沼泽,
不会激起波澜。

利希滕贝格说:"如果一个脑子和一根树相撞,会发出空洞的声音。难道这声音只是来自书本?"他还说:"同样的著作就是镜子,一只猴子往里面看时,是不会看到基督使徒的。"

对此,杰乐特神父有一个优美而感人肺腑的悲叹,让人总想回味：

> 常常是，最好的恩典
> 最是无人称颂；
> 在此世，大多数众生
> 认卑劣作良善；
> 终此世，灾祸并灾祸。
> 但是，人们如何御之门外？
> 我怀疑，这种灾害
> 是否会在我们的世界被根除掉。
> 在此世只有一个办法，
> 但是它难上加难：
> 蠢材必须变成智者；
> 看看！这永不可能。
> 没有一个蠢材会认识一个物的价值。
> 他们用眼睛来推理，而非理智：
> 他们夸赞一文不值之物，
> 因为他们从未知道价值为何物。

　　人们的思考能力低下，结果就很少发现那超凡脱俗的人，正如歌德所说，这种人鲜有获得别人的认可和欣赏。除了低下的思考能力，人们一般与卑劣道德为伍，确切地说，这种卑劣就是嫉妒。因为一个人如果获得了名声，他就再一次高人一等，这些人因此也就相应地被贬低了。所以，每一个杰出贡献都是以牺牲毫无建树的人的名声获得的。

> 如果我们给予别人荣誉，
> 我们就必然会降低我们自己。
>
> ——歌德《西东诗集》

由此可以看到，但凡那杰出的事物一横空出世，众多的"平庸之辈"就会群起而攻之，誓不让这东西有用武之地，甚至如果可能的话，将其扼杀掉。他们的秘密口号是："打倒成就！"甚至那些已经拥有成就并为此获得相应名声的人，也不喜欢新名声的鹊起，因为，如此一来，他的原有名声的光芒就会黯然失色。乃至歌德对此说道：

> 直到人们乐见我的生命，
> 我才犹豫着是否要出生，
> 我就仍然不在人世。
> 如果你们看到，
> 人们为了耀武扬威，
> 就要否定我的存在，
> 你们才会理解。

虽然在一般情况下，荣誉可以找到公正的法官，而且不会遭到妒忌的攻击，它甚至根据信用预借给每个人。然而，名声，哪怕是遭受嫉妒，也要通过奋斗才能获得。而且，荣誉是由一些卑劣的法官组成的审判席授予的。因为，荣誉是我们能够并且愿意和每个人分享的；而名声却会被每个得到它的人所贬低，或者使获得它变得困难。

除此之外，现在通过著作获取名声的难度与阅读它的人数是成反比的，其中的原因不难预见。所以，创作旨在教导人的著作，比创作扬言为人提供消遣的著作，更难获取名声。最难获取名声的是哲学著作，因为一方面，这种著作能否教导别人是很难确定的；另一方面，它们也没有物质上的功用，因为哲学著作首先面对的读者是由那些各执己见的同行所组成的。

从上述那些阻挠人们获取名声的困难可以看到，如果那些作者创作能够博取名声的著作，不是出于对自己著作的热爱，在创作时怡然自得，而是受到名声的诱惑去写作，那么，人类就极少或者根本不会获得不朽佳作。无疑，谁要创作良心之作，避免劣质之作，他就甚至得反对、并因而鄙视大众及其代言人的评价。因此，俄索利乌斯（《论名声》）尤为强调的意见是完全正确的："名声逃离追逐它的人，却会跟随冷落它的人；因为前者在迎合同时代人的口味，而后者则在抵制这种口味。"

由此看来，获取名声是多么困难，但留住名声又是多么容易。在此，名声和荣誉恰恰相反。荣誉是根据一个人的信用预借给他的，他只需要好好维护它。但是，在此有个难题：一个人会因为个别不光彩的行为，他就不可挽回地丧失了他的荣誉。名声与此相反，它其实永远不会丢失。因为它是借助功业或者著作所取得的，它会一直坚不可摧。并且，即使创作者此后别无建树，他以前的成就所带来的名声也会始终跟随着他。

但是，如果名声在逐渐消逝，如果它被时代所抛弃，那么这个名声其实不是真实的，或者说，是受之有愧的，只是因为一时的过高评价而产生。它完全就如同黑格尔所拥有的那种名声。利希滕贝格对此描述说："他被一个友好的候补委员会吹得天花乱坠，在空洞的脑瓜中响起回声。但是，后世有朝一日会敲打那奇形怪状的语言空壳，探询那空有漂亮鸟巢的时髦，请教那寓居者已死的合同，这时，所有人发现里面空空如也。那毫无内容的思想也无法信心十足地说：'请进！'对于这种名声，我们只能付诸一笑了。"

名声事实上是基于一个人与其他人进行比较的结果。所以，它究其根本不过是一个相对的东西，只能具备一个相对的价值而已。假如其他人都成为"名人"，那么名声也就消失了。对一个人来说，只有直接为他而存在的东西，才具有绝对的价值，才能在任何情况下都可以得到保存。因此，这种价值和幸福必然在那伟大的心和超凡的头脑里存在。换言之，不是名声，而是借以获得名声的东西才是有价值的。资财和名声一样只是意外收获。名声充其量是作为一个外在象征，对名人有影响。名人通过这个象征，证实他对自己本身的高度评价。因此，人们才会说：就像光如果不被一个物体反射，它本身是不可见的。同样，每一个超凡脱俗的人如果不借助名声，他就不会为世人所认可。

但是，名声不是一劳永逸的可靠象征。因为可能有实不副名的情况，也可能存在名不副实的情况。对此，莱辛有一句话说得极妙："有些人看起来名扬天下，而其他人做起来本应名扬四海。"倘若一个人是否有价值，取决于他在别人眼中的样子，那么，他的一生甚为可怜。假若英雄和天才的人生价值存在于名声之中，也就是说，存在于别人的称赞中，那么，他们的人生就很悲惨了。倒不如说，每个生命都因自身而去生活、去存在，因此也主要在自身中，为了自身而存在。

一个人自身的本性，不管它以什么方式、按照什么方法存在，都是这个人最先、最重要的自身的东西。如果一个人自身的本性没有多少价值，那么通常他自身也没多少东西。相反，一个人自身生命的形象，在别人头脑中只是次要的、衍生的东西，服从那对这个人自身只有间接影响的偶然事件。

此外，与真正的幸福栖息的舞台相比，大众的头脑是一个更悲惨的舞台。倒是那虚幻的幸福在此找到它的栖息地。让那些鱼龙混杂的社交圈中人在普通荣誉的神庙中会合吧：将军、大臣、庸医、小丑、舞姬、歌妓、富豪和犹太人。诚然，所有这些人的优点在此都将得到坦率的评价，找到由衷的尊敬。与之相比，那些精神尤为突出的人，在大众那里，只得到浮于言表的尊重。所以，从幸福学的角度来看，名声不是别的，只是喂养我们的骄傲与虚荣的最稀罕、最昂贵的点心。

◆ 人生的智慧 ◆
The Wisdom of Life

但是，骄傲和虚荣在大多数人那里过度存在，虽然它们被隐藏起来；也许在那无论如何都要追逐名声的人那里，它们是最强烈的。这些想成名的人，通常在很长一段时间内对自己的优越价值无法确定，必须等到机会来临时，加以检验，得到别人的认可。在那之前，他们总觉得自己遭受某种暗地里不公正的对待。

不过，一般而言，就像本章开头所说的那样，存在于别人评价之上的价值，是完全不相称且非理性的。霍布斯对此就持有非常强硬的态度，当然，他所言极是："所有的开怀、喜悦都是因为我们有可以比较的人，因为他们使我们可以更高看自己。"[①]这就解释了人们赋予名声、牺牲以重要价值的原因，仅仅希望有朝一日能得到它们：

> 名声——这高贵灵魂的最后的弱点，
> 激励我们的精神去忽视欢乐，
> 选择过辛劳的日子。

同样：

> "名声"的骄傲神庙在山巅闪烁，
> 攀登其上何其艰难。

---

① 我们的最大乐趣，莫过于被别人的钦佩；然而，这钦佩，甚至就其所有缘由，是人们违逆自己良心而勉强说出口的话。所以，一个人最幸运的是，不论他如何作为，别人会发自肺腑地佩服他。只要别人不误解他就好了。

由此，我们最终可以看到，所有最虚荣的国家总是把光荣挂在嘴上，并毫无疑问地把它当作追逐伟大功业和杰出作品的主要动力。但是，因为名声无可争辩地只是次要的东西而已，只是成就的纯粹的回音、形象、影子和象征。无论如何，那些令人称赞的东西比称赞本身更具有价值。那么，那真正给人带来幸福的东西不是在名声那里，而是在人们借以获取名声的地方，也就是在成就那里，准确地说是在思想和才能那里。

由此表明，这些东西只能是道德的或者理智的。因为最好的东西就是每个人的本性，它必然对他本人是最重要的。至于他反映在别人头脑中的东西和别人的评价对他的影响，只是细枝末节的东西，对他而言只是次要的利益。因此，理应获得名声而未得的人，他拥有远比此更重要的东西，而这足以告慰他未能拥有其他的遗憾。

令我们羡慕的真正的伟人，不是因为他被那些没有判断力的、经常被蛊惑的大众捧为伟人，而是因为他本来就是一个伟人。他生命中的高级幸福，不是后人可以从他那里得到的，而是他自身所创造出来的思想；这种思想对人类有很大意义，虽历经千百年仍然被人珍藏、研究。这种幸福是不可攫取的东西，是"那留在我们这儿的东西"，而别人的东西是"那没有留在我们这儿的东西"。

相反，如果那些令人称赞的东西本身是最主要的东西，那么，引起人们称赞的东西便无足轻重了。实际上，这是在虚假的、不劳而获的名声那里出现的情况。靠此虚名谋生的人其实本身并无真才实学，而这虚名只不过是名声的余晖而已。不过，甚至名声自身必然会让他兴致索然，因为有些时候，尽管这些人为了虚荣需要自欺欺人，但当他处于并不符合他的高度时，他会产生某种错觉，或者把自己看作是一枚铜制金币。在害怕因秘密暴露而身败名裂的痛苦中，他们在智者的额头上尤其读到了后人的评判。这样，他们像伪造遗嘱夺取财产的人一样。

  一个人死后的名声是最真实的，虽然他本人并没有享受到，但是他却被人们誉为幸福的人。所以，他的幸福不仅在于能让他博取名声的伟大品质，还在于他有机会去完善这些品质，并允许他去做适合他的事情，或者去追求他的兴趣爱好；因为只有从他所喜欢的东西那里所产生的著作，才会流芳百世。因此，他的幸福存在于他那伟大的心灵之中，或者存在于一个伟大的心灵的财富之中。在他作品中的印记，虽历经千百年而仍为人所称道。他的幸福还存在于他的思想之中，而其思想使他本人在生时快乐，在未来则是那些精神高尚的人思考对象和快乐之源。

  他的身后名声之价值，在于他值得称赞，这是对他自己的报答。这部流芳百世的作品是否获得创作者同时代人的赞赏，取决于偶然环境，这并没有多大意义。因为那些人通常毫无主见，完全没有能力去鉴赏一流的、难读的巨著。结果他们唯权威之马首是瞻；而非凡的名声，百分之九十九是建立在纯粹的正直与信用之上。所以,同时代人的七嘴八舌的赞美对有思想的人无足轻重,因为这些人所听到的只不过是极少声音的回音而已,而这些声音只是他们恰好走运时听到罢了。

假如一个著名艺术家知道,他的听众们除了一两个之外,其他都是聋子,而且这些聋子为了互相掩饰自己的缺点,一旦看到那一两个人鼓掌,他们也就跟着卖力鼓掌,那么,这个音乐家还会为他们的鼓掌称赞而感觉被恭维吗?甚至,假如他最终知道,为给这个最可怜的小提琴手带去最热烈的掌声,有人暗中收买了那个带头鼓掌的人!

在这里就很好解释,为什么一个时代的名声鲜少会变成死后的名声。因此,达朗博将文学名声的神庙描写得极为传神生动:"神庙内部住满了死人,他们活着时并未来过此地。有些人活着时在这里住过,在他们咽气的时候,又几乎都被扔了出去。"我在这里顺便说一句,为一个人在他活着时立碑,无异于宣称,后人对他的评判是不足为信的。

如果一个人生前得享盛名,身后也受人赞叹,那么这种情况只会在他年迈的时候才会出现。这种情况无论是在艺术家还是在诗人那里,都属例外,在哲学家那里最不可能。那些以其作品出名的画家,他们的画像就是对这个道理的很好证明。因为在一般情况下,那些画像都是在画像中人刚登上名声的巅峰的时候创作的,他们通常被画得既年老又白发苍苍,特别是哲学家。按照幸福学的观点,事实的确如此。同时包揽名声与青

人生的智慧
The Wisdom of Life

春,这对于一个终有一死的人而言,太过奢侈。

我们的生命是如此贫乏,生命的福祉必须被节约分配。年轻人已拥有他们的财富,并能够借以享受生活。但是,当他们年老了之后,所有的享乐与欢愉,犹如冬之草木,渐渐死去,然后,这正是到了名声之树萌芽之时,正如冬青树那样。我们也可以把名声比作冬梨,在夏天生长,在冬天的时候就可以享用。一个人,在垂暮之年,没有什么别的东西足以告慰,只有将他年轻时的全部能力,铸造成一部作品,一部永不会随着我们老去的作品。

让我们现在更进一步地考察在各门学科获取名声的途径,这些学科主要与我们相关,那么我们可以列出以下规律。学科的名声是优越理智的象征,要表现才智,就必须对这些学科的资料进行新的组合。这些组合可能存在各种不同的方式。它们越为人所知,人们越对它们感兴趣,那么借此所获得的名声也就越大、越壮观。例如,这些材料可能存在在数字或者线条那里,或者在某些专门学科中,如物理学、动物学、植物学、解剖学中的事实,或者是古代作家的散佚文献、某些错漏文字的铭刻、有待考证的历史时期。通过对这些材料进行正确的组合以获取名声,这样做并不会涉及太多东西,而只涉及对材料本身的认识。因此,知晓这些知识的人是少数那些过着隐居生活的人,以及那些在这个学科内羡慕名声的人。

与之相反,有一种材料是全部人类所认识的,是根本性

Chapter04 | 人在他人眼中的样子

的，比如人类理智、情感的品性，大自然的力量——我们对它们的作用方式耳熟能详，或者大自然的普遍进程。所以，通过一种创新性的、重要的显著整理组合而获得名声，它会广为流传，并且随着时间蔓延到几乎整个文明世界。因为这些材料都是人们易于接受的，所以它们的组合也是如此。

但是，名声的大小总是与那要被战胜的困难的大小成正比。材料越普遍，将之整合成一个既有创新性又真实有效的理论的难度就越大。因为，不计其数的聪明人士在这些材料中探索，已阐明了它们可能的组合。有些材料与之相反，它们不为大众所熟悉，人们只能历经千辛万苦才能得到它们，只有这些材料才可以进行不断创新。因此，只要人们在面对这些材料时，能够正确地理解、健康地判断，换言之，借助精神适当的优越性，人们就可能容易有幸对这些材料进行一个创新性的正确组合。不过，就像对材料的认识一样，由此获得的名声大概是比较有限的。因为，仅仅为了出色地获得对这些材料的认识，解决这类材料中的问题就要求人们进行大量的苦干型研究。

而在另一类材料中，人们将获得最为显著的名声，可以无偿获取这些材料；不过，这种工作不需要那么多的苦干，却更要求这方面的才智，也就是天赋，并且在工作的价值和人们的重视方面，那些苦干型研究工作无法与之相比。

这表明，当一大群人面对那众所周知的材料时，有些人觉察到自身具备健全的理解力和正确的判断力，但无法相信

人生的智慧
The Wisdom of Life

自身具有最高的精神天赋，只需无惧于大量研究和辛勤工作，他们就此从那一大群人脱颖而出，去关注那偏远的、只要求训练有素的工作领域。因为在这里，同行的人数会无限地减少，具备一些思考能力的人会很快有机会找到对材料进行创新性的正确组合，甚至他的发现工作有赖于获取材料的困难性。但是，也正因为如此，他所分享的知识只能博得这个领域的专家的掌声，而大部分人只是对之略有耳闻。

如果人们想要在刚才所说的这条路走下去，那么他就会走向一个极端。在那里，由于获取材料异常困难，再也不要求对材料进行组合了，材料本身就足以让他们扬名了。这就好比一个旅行家来到一个人迹罕至的荒凉之地，他之所以成名是因为他的见闻，而不是因为他的思想。这条路还有这么一个巨大的好处：见闻比思想更容易与别人分享，同时也更好理解。所以，人们发现，见闻比思想有更多的读者。因为，正如阿斯穆斯所言：

> 如果人们远游归来，
> 那么他就可吹嘘他的所见所闻。

但是，一个人在认识这类名人之后，会想起贺拉斯的话，它与此完全吻合：

> 漂洋过海的人，变换的只是气候，而非意识。

但是，另一方面，有些人具备高超的思想能力，他们应该敢于去解决重大的问题，去解决那普遍的、整体的问题，这些问题也因此是最艰难的问题。所以，这些人要尽可能地扩展他的视野，甚至对各门学科都要有所涉猎；而不要过分陷入极少数人涉足的特殊学科中的某个领域，更不要去死抠那些细枝末节的东西。因为他没必要为了远离同行的扰攘，而去倒腾那些难以获得的研究对象。仅仅那些摆在所有人面前的资料，就足以成为他进行重要而真实的创造性组合的素材。因为唯有如此，他的努力才能被大多数人所重视；而他所研究的材料对这些人而言再熟悉不过。

据此，名声在不同人之中就存在巨大差别：一类是诗人和哲学家所获得的名声，另一类是例如物理学家、化学家、解剖学家、矿物学家、动物学家、语文学家、历史学家等，这些人所获得的名声。

Chapter05
建议和格言

◆ 人生的智慧 ◆

The Wisdom of Life

　　我在这里不想追求完整性。因为，假如我这样做的话，我就得把古往今来的思想家一一罗列出来，有些部分就得重复杰出人士的为人处世之道；这些思想家，从泰奥克尼斯和所罗门王起，到拉罗什富科为止。这样一来，我就可以避免一大堆别人已经说过的客套话。系统的安排也因没有完整性而大体丢失了。对于完整性和系统性，人们聊以自慰的是，在谈到这样的主题时，如果有了这两者，那么结果几乎不可避免地变得无聊了。我只把我所想到的、似乎值得告知的东西，以及我所想到的，但别人没说的东西，至少不完全是我所说的东西，统统献给读者。在这个领域中，别人已经做出了很多贡献，我所说的东西只是作为一个补遗而已。

　　但是，为了整理这方面极为丰富的见解和忠告，我将把它们作如下划分：一、引言；二、我们对我们自身的态度；三、我们对他人的态度；四、我们对世道和命运的态度。

Chapter 05 | 建议和格言

□ 引　　言

一

　　人生智慧的最高原则，在我看来，是亚里士多德在《尼各马可伦理学》中随口说过的一句话，它翻译成德文就是："不是寻欢作乐，仅仅是免于痛苦跟随理性的人之后。"或者译为："理性的人追求的是免于痛苦，而非寻欢作乐。"

　　这句话的奥妙在于，所有享乐、所有幸福都是消极的，痛苦反而是积极的。人们可以在我的《作为意志和表象的世界》第一卷第五十八章中，找到后半句话的详尽解释和论证。在这里，我还要用一个平常所见的事例对之进行阐述。如果一个人某个身体部位受了伤或者疼痛，其他地方都健康无损时，那么他不会意识到健康的身体部位，而是把注意力长时间地集中到疼痛的部位，同时忘却整个生命的舒适感受。

　　同理，假如所有的事情都顺着我们的意思，除了一件事情与我们的意愿相违背，即使它的意义不足挂齿，那么这个事情仍旧会一直在我们的脑海里打转。我们反复盘算这件事情，很少顾及所有其他更重要的事情，尽管它们对我们顺心顺意。

　　在这两种情况中，意志都受到了挫折。在第一种情况中，意志的挫折在人的有机组织中被具体化；在另一种情况中，意志的挫折则在人的追求中被具体化。从这两种情况中，我们可

◆ 人生的智慧 ◆

The Wisdom of Life

以看到，意志的满足对我们的影响一直是消极的，因此不被直接感受到，只有最高程度的满足才会在反思中被我们意识到。相反，意志所受到的阻挠却是积极的，并且，这种阻挠自己就能预告出来。每一个快乐只会存在于对这种阻挠的战胜，摆脱阻挠，快乐也就持续很短的时间。

因此，我们所称赞的亚里士多德的原则就基于这个道理。这条原则教导我们，不要把注意力放在生活的享乐和安逸之上，而是要尽可能致力于远离生活中难以计数的不幸。如果这句话不对，那么伏尔泰所说的这句话也错了："幸福只是一场梦，痛苦才是真实的。"但他事实上是对的。

由此看来，从幸福学的观点看，如果一个人想要拿出他生命中的成果，那么他不会列出他所享受过的欢乐，而是会列出他所克服的不幸。诚然，如果把"幸福学"这个名字本身理解为"幸福论"，那这样做其实把它抬高了。[①]由此，"幸福的生活"只能被理解为"少了很多不幸的生活"，亦即尚可忍受地去生活。实际上，生活的目的当然不是去享受，而是去忍受它，去解决它。很多话说明了这点，比如，"忍受生活，战胜生活"。意大利语中说："我们能应付过去！"德语中说："我们必须努力挺过去。""他在混日子。"等等。诚然，人到年老时，把一辈子的工作干完，不得不说是一个安慰。

[①] 叔本华的意思是，他的"幸福学"所讲的幸福是消极的，而"幸福论"所宣称的幸福则是积极的。——译者

人生在世，如果没有太大的痛苦，不管这痛苦是精神上的还是身体上的，那么这可是最幸福的命运。相比之下，生命中，倘若有最热烈的喜悦、最大的享乐，那反倒不是最幸运的。谁要是根据后者来衡量一个人的人生幸福，那他就采用了一个错误的标准。因为享乐始终是否定的，认为享乐能够带来幸福，这是痴心妄想，是虚荣心所致，最终逃不了被惩罚。反之，痛苦带给人的感受则是积极的，因此，痛苦消失就是人生幸福的标杆。一个人既没有痛苦，又不感到无聊，那么他终究享受到了俗世的幸福：因为其他东西无非是梦幻泡影。

由此，我们可以得出这么一个观点：我们绝不要以痛苦为代价去换取享乐，即使只是受制于招致痛苦的风险，也万万不可；否则，我们就以积极而实在的东西，去为消极并因此虚幻的东西埋单。相反，如果我们为了远离痛苦，就牺牲享乐，那么我们一直是赢家。不管是先苦后乐，还是先乐后苦，这两种情况都一样。

人生一世，其迷误颠倒，莫过于此：把血泪场变成风月场，并且，像很多人那样，不是尽可能去免于痛苦，而是以享乐与欢愉作为目标。谁要是用阴郁的眼光，将这个世界视作某种地狱，并因此设想，在这个地狱中打造一个不惧猛火的房间，那么他少走了许多冤枉路。蠢材尾随生活的乐事，却发现自己受骗；但智者避免不幸。假如这样做并不能使智者感到幸福，那只能怪命运而非他的愚蠢。即使他远未能幸运，但是起码他没受骗，因为他所避开的不幸是至为真实的。甚至，假如

◆ 人生的智慧 ◆

The Wisdom of Life

他远离某些不幸，同时牺牲掉那些不必要的享受，那么，实际上他并未有所损失。因为所有的享乐无非幻觉，为此等镜花水月之事而愁肠百结，是狭隘乃至可笑的。

由于我们过于偏信乐观主义，对这个真理产生了误解，造成了很多不幸。当我们摆脱磨难时，我们的意愿以各种幸福的幻象来欺骗我们；而这幸福其实是虚幻不实的，只会引导我们去追逐它。照此下去，我们就招致了痛苦，这痛苦无可争辩地是实实在在的。然后，我们为丢失了的无忧无虑的生活而哀叹，而这种丢失了的生活犹如被草率抛却的伊甸园。为此，我们徒劳地期望这种蠢事不要发生。好像有一个恶魔总是在以愿望的幻象作饵，引诱我们从无痛苦的状态出来，而这状态本是我们至为真实的幸福。

年轻人草率地认为，这个世界是供我们享受的，它是一个肯定的幸福的乐园，只有那些不擅于去克服自身缺陷的人，才会失去它。阅读长篇小说和诗歌，使他更加强了这种错觉，并借助外在的幻象去追逐这个世界。我马上就要再讨论这种错觉。从现在开始，他的生活就带有或多或少的想法，刻意去追逐那由肯定的享乐所构成的相同性质的幸福。对此，人们指责说，他必然冒着赴汤蹈火的风险。因为这种生活追逐一种完全不存在的海市蜃楼，必定导致真真切切的、积极的不幸。这种不幸作为痛苦、磨难、病患、失败、忧愁、贫穷、耻辱和悲惨的困境，出现在他的人生舞台上。到了那时，他已经后悔莫及。

反之，根据在此所考察的原则所得的结论，假如生活的目标是为了避免磨难，也就是远离贫乏、病患和各种困境，那么，这个目标就是真实的。它越瞄准某个东西，因追逐肯定的幸福而产生之幻象对它的阻挠就越小。

歌德的意思与此相符。在《亲和力》中，他借助那个总是为别人的幸福操心的米特勒之口说："谁若想摆脱灾祸，谁就要一直知道他所想要的东西，而不是他所拥有的东西，否则他就是一个睁眼瞎。"

这个道理也出现在法国的绝妙的格言中："更好是好的敌人。"当然，从这里可以推出犬儒主义的基本思想，在我的《作为意志和表象的世界》的第二卷第十六章中，我已经表达过相同的看法。难道不正是因为犬儒学派注意到，痛苦与享乐或多或少纠缠在一起，而避免痛苦比寻欢作乐更为重要，所以他们就考虑放弃所有的享乐吗？他们深深领会到享乐的消极性和痛苦的积极性。因此，他们坚定不移地认为，必须竭力避免灾祸，为此有必要完完全全放弃享乐，因为他们将享乐视为给我们招致痛苦的陷阱。

就像席勒所说，我们出生在阿卡迪亚，衣食无忧。换言之，我们满心欢喜地来到这个世界，追求幸福和快乐，并怀着将之实现的愚蠢的希望。但是，在通常情况下，命运粗暴地抓住我们，并教导我们：我们一无所有，一切都属于命运。因为命运拥有一个无可争议的支配权，它不仅支配我们所有的财产和收入，还支配我们的妻子和子女，甚至还支配

◆ 人生的智慧 ◆

The Wisdom of Life

我们的手脚、耳目，支配面部中间的鼻子。

不管怎样，过不了多久，我们就有所体会，我们就会明白，幸福和快乐就是早上的海市蜃楼，我们站在远处时，它们清晰可见；我们走近时，它们逐渐消失。相反，磨难和痛苦有其实在性，它们甚至会直接不期而至，不需要去幻想，只需要等待。现在，这种教导结了果，我们不再去追求幸福和享乐，反倒在盘算着，尽可能地关上痛苦和磨难的大门。然后，我们就认识到，最好的东西就是世界已经提供给我们的东西，那是一个没有痛苦的、安宁的、尚可忍受的生存；并且，为了对这种生存安之若素，我们要限制我们对它的要求。

因为，为了避免招致太多不幸，我们最保险的方法就是：不要奢求太多幸福。歌德的年轻友人梅尔克也已洞见了这点，他写道："我们对幸福的非分要求，确切地说，与我们做梦无异。它葬送了世界上的所有东西。谁摆脱了这种过分要求，并且，除了出于自身的东西之外，一无所求，谁就勉强可在这世上讨生活。"（歌德，《与梅尔克的通信》第100页）

据此看来，稳妥的做法是把一个人对心灵、财产、身份、荣誉等的要求适度降低。因为，尾随幸福、荣誉和享受之后的，是那招来巨大不幸事件的追求与拼搏。诚然，这对每个人而言是明智而可取的，因为，许多不幸轻而易见，反之，许多幸福鲜有遇见，甚至完全不见。人生智慧的诗篇唱得尤其精彩：

> 谁选择了中庸之道,
> 谁就坚定远离腐朽茅屋之肮脏,
> 一无所求地远离那令人妒忌的宫殿之奢华。
> 在风暴来临时,常常摇曳着
> 巨杉的树梢,高耸的石塔
> 重重倾塌,巍巍山峦
> 迎战闪电。

但是,谁要是完全承认了我的哲学的教导,并因此也就知道,我们的整个生存不会变得更好,并且,最伟大的智慧就是去否认、拒绝这种生存。这样,他就不会对任何事物或者状态抱有希望,也不会辛苦追求世界上的任何东西,更不会因一件事的过失而痛苦哀号。相反,他会奉行柏拉图的格言:"没有什么世俗事务是值得我们太过劳心费力的。"正如下面的话:

> 倘若你失去了一个世界,
> 不要为此悲伤,这无关紧要;
> 倘若你得到了一个世界,
> 不要为此欢喜,这无关紧要。
> 痛苦与欢乐,瞬息即逝,
> 世界瞬息即逝,这无关紧要。
>
> (萨迪,《古丽斯塔》)

◆ 人生的智慧 ◆

The Wisdom of Life

  使人特别难以得知这种观点的东西，是前文已经提及的世界的幻象，人们应该及早将之告诉年轻人。大部分壮观辉煌就是纯粹的假象，就像剧院里的舞台装饰，失去了事情的本质。比如，用三角旗和花环装饰的船只、大炮、彩灯、铜鼓和喇叭、欢呼和呐喊等，所有这些只不过是欢乐的招牌、暗示和象形文字。

  但欢乐通常在这种场合难觅踪影，它谢绝在庆典中抛头露面。在一般情况下，它所到之处，总是悄无声息、蹑手蹑脚。它总选择在最没有意义、最不重要的时机，出现在最平常的场合，没有荣光，毫无名气。它就如同澳大利亚的黄金，散落在角角落落，顺从事情的气氛，没有条条框框，常常只以完全微小的颗粒、鲜有结成大团出现。相反，上面所提及的事物，其目的仅仅在于让别人相信，在这里，欢乐已降临。在别人的头脑中制造假象，正是目标所在。

  与欢乐联系在一起的是悲哀。每个又长又缓慢的送葬队列看起来是多么忧伤！马车的队列没有尽头。但是，从这里可以看到，车厢里空荡荡的，死者已经被全城的马车夫送到墓地。这个情景在讲述着人世的友谊和尊敬，同时，也在上演人类活动的虚假、贫乏和空幻。

  在另外一个例子中，又有许多嘉宾，他们穿着节日服装，感受着宴会的气氛，是高贵的上层社会的社交的招牌。但是，在通常情况下，代替这些嘉宾到场的仅仅是强迫、困苦和无聊。因为宾客云集之处，正是许多无赖出没之地，并且他们都在胸口别上三角星。真正的社交活动在哪里必然都是很小的。但是，耀眼华丽的宴会和娱乐总是带来空虚，到场的宾客内心非常不和谐。因为这些活动完全与我们生存的痛苦和贫穷背道而驰，这种对比突出了事情的真相。不过，从外表看，人人都沉浸其中，这就达到了宴会的目的。对此，尚福尔有一句话最受人喜爱："交际、圈子、沙龙，这些被人们称为社交活动的东西，它们是一幕糟糕的话剧、一场低劣的歌剧。它们毫无趣味，只是借助机器、戏服和装饰，来维持那点声望。"

类似的，学院和哲学讲台也只不过是招牌而已，是智慧的外在假象。但是，智慧一般来说也拒绝在此出现，而另觅别处。钟声、神父的服装、虔诚的举止、轻浮的动作，这也是招牌，是信心的假象，等等。因此，世界上的一切几乎都可称之为空心的坚果，果仁本身是极为罕见的，也很少藏在果壳里。它完全在别处找到，并且一般只会偶尔找到。

二

假使我们想要根据一个人是否健康来评价他的状况，那么我们不该问他，是什么让他快乐，而要问他，是什么让他苦恼。因为一个人自己本身感受到的烦心事越微不足道，那么这个人就越幸福。毕竟，能够感受到无足轻重的琐事，也属于幸福的一种状态；在不幸中，我们完全觉察不到这些小事。

◆ 人生的智慧 ◆

The Wisdom of Life

三

  一个人要避免对他人生幸福提出太多要求，打下的基础太过宽广。因为这样一来，幸福的大厦会轻易倒塌，毕竟有太多的不幸可能会发生，但只是现在时机未到而已。从基础方面看，我们幸福的大厦恰好与其他建筑物相反，后者因为宽广的基础而最稳固。对幸福的追求，与实现幸福的不同方法紧密关联，所以，我们要尽可能地放低标准，走最稳妥的路，远离巨大的灾祸。

  假如我们为生活做出详细的部署，不管这种部署是什么样的，那么，一般而言，这是最大、也是最常见的蠢事。这种部署一开始就设定一个整体的、完备的人生，但是极少得以实现。即使我们活得足够长寿，对于这些已制订好了的计划来说，他们的寿命仍然太短了，因为这些计划比预先给出的时间要求更长。除此之外，这些计划像所有人类以失败告终的事情一样，遭受各种各样的阻挠，最终极少成功。最后，即使我们如愿以偿，完成了所有计划，但是，时光带给我们自身的变化，我们却无暇顾及。生命所赐予我们的奋斗和享乐的能力，被我们抛诸脑后。结果，我们为某些东西锲而不舍地努力，最终虽然得到了，但却无法再适应它们。

  同样，我们为了某部作品而筹划多年，却没发现，这些准备工作在耗费我们的精力。我们也经常发现，在历经漫长的艰难险阻之后，我们所获得的财富，我们已经无法享受，反而被其他事情缠身。或者，我们经过长年累月的不懈奋斗，最终谋得一个职位，我们却难以胜任了，对我们来说，这个职位来得太晚了。或者反过来说，我们求得这个职位太晚了。也就是说，在奋斗或者产品生产方面，时代的口味不断变化。新人一代代成长起来，他们对我们的所作所为不感兴趣；而其他人抄捷径，抢先我们一步，如此等等。我们在此引证贺拉斯的话，他蕴含了这里所有的意思：

为什么让你的精神如此操劳？
对于那些永恒的计划，它太过孱弱了。

我们经常犯下这种错误，其诱因在于，我们的精神之眼不可避免地产生幻觉。用这双眼睛看人生这条路，在起点看，它永无止境；然而，在终点往回看，它显得非常短。当然，这种幻觉也不无好处，因为没有它的话，某些伟大的东西就难以产生。

但是，一般而言，我们就像漫游者，人生犹如散步，刚开始我们迈步前行，远处景色兀自映入我们的眼帘；当我们走近时，这些景色看起来就不一样了，好像它们自己会变一样。

我们的愿望尤其如此。我们所得到的东西，与我们所追求的东西，截然不同，甚至更好。一般来说，我们为了追求某件东西，最初所选定的路子可能是徒劳无功的，而在另一条路上，我们却得偿所愿。特别是，我们经常看到这种情况，在我们追求享受、幸福和欢乐之处，我们却收获了教训、洞见和认知，这是一个长久而真实的福分，而不是那短暂而虚假的福分。

在《威廉·迈斯特》中，这一思想作为一个基础低音贯穿始终，因此，这部作品是一部有思想的小说，其成就高于所有其他小说，甚至高于斯科特的小说。在斯科特那里，这一思想全然被纯粹道德地表达，也就是只是从威廉的人类本性方面来理解。与此相似，在歌剧《魔笛》中，在这一怪诞、但意义深刻、思想复杂的埃及象形文字中，这一基本思想被粗大的线条所象征，犹如剧院的舞台装饰。假如在这部歌剧的结尾处，塔米诺打消了占有塔米娜的念头，而是期望进入智慧的神庙，并在那里度过此生，那么这部剧就完美了。相反，塔米诺的必要对头帕帕盖诺，他得到帕帕盖娜才合情合理。

优秀而高尚的人，会立刻领悟命运的教导，并且会顺从天命，心怀感恩。他们明白，人生在世不可能寻得幸福，只能领受教诲。结果，他们习惯并满足于用希望去点亮智慧之灯，最终与彼得拉克一道，说：

> 除了学习，我感觉不到任何别的幸福。

乃至他们在随顺他们的意愿和欲求追随幻象时，他们几乎也只是戏耍一番而已，实际上，在他们的内心深处，仅仅是在企望教导。那么，这就赋予了他们一种悠闲而有创造性的突出特色。在这种意义上，他们就被我们称为炼丹术士，他们在去探寻黄金的过程中，却发现了火药、瓷器和药物，甚至发现了自然规律。

◧ 我们对自己本身的态度

四

一个工人，他在修建一座建筑物时，要么不了解整个建筑的规划，要么不会时时刻刻在建筑现场。同理，一个人即使数完生命中的每一天、每一个小时，他也不会对自己的整个人生、整个性格了然于胸。一个人的人生和性格越是有价值、越是有意义、越是规划妥当、越是个性鲜明，那么，对他而言，看清自己人生的微缩图和眼前偶尔出现的计划，是非常必要而且大有裨益的。

当然，这一切可以从小事做起，从"认识你自己"开始，认识自己的根本的原初意愿是什么，知道对自己的幸福而言，什么是最本质的东西，然后什么是第二位、第三位。同样，他还要大体上清楚他的职业、角色和他与世界的关系。假如这一切具备显著、卓越的特质，那么，用缩小的尺度鸟瞰他的人生规划，就会比其他任何东西更能使他精力充

◆ 人生的智慧 ◆

The Wisdom of Life

沛，获得鼓舞，并激励他去行动，且防止他误走弯路。

就像一个漫游者，只有他在到达一个高地以后，他才会鸟瞰、认识到一路来的变化多端、曲曲折折，将它们视为整体连贯的。同样，我们只有来到我们人生中一个时期的终点，或者甚至在临终时，对于我们的所作所为、成就和作品、结果和联系，甚至人生价值本身，我们才能够正确地从整体上来认识它们。因为，只要我们依旧被它们所束缚，我们就只能按照我们性格的固定特质来为人处世，深受动机的影响和我们能力的桎梏。换言之，凡事皆必然，因为我们在每一刻都只做我们那时认为正确而合适的事。只有事情的结果才表明发生了什么事，只有对事情的整个来龙去脉进行回顾，我们才能清楚事情为什么要这么做、如何做。

正因为如此，当我们试图圆满完成最为艰巨的事情，或者成就不朽作品时，我们并未认识到我们现在的所作所为，我们只是意识到它们与我们此时的目标相符，与我们目前的意愿相合，它们也就是现在所做的合乎情理的事。但是，当整个事情按照我们的性格和能力，在其整体关联中尽显其貌时，我们会发现，在走过千千万万条弯路之后，事情的每一部分才会遵循唯一正确的道路开花结果，就像在我们的灵机一动中诞生一样。而这一切得益于我们的天赋的引导。无论是在理论中，还是在实践中，所有事情概莫能外；相反，我们所做的低劣、失败的事情，则遵循相反的道路。

五

人生智慧的重要之处，存在于一个正确的关系之中，在这个关系中，我们的注意力时而放在当下，时而放在未来。把握好这个关系的平衡，我们才不会在当下与未来之间顾此失彼。

很多人沉沦于当下肤浅的生活，其他人则对未来太过于忧心忡忡。一个人极少能够在这两者之间游刃自如。那些不断奋斗、也不断期望的人，仅仅活在未来中。他们一直向前看，急不可待地接受即将发生的事情，好像这些能为他带来真正的幸福。与此同时，他们对当下不睬不顾，无心欣赏，与之擦肩而过。尽管这些人带着一副早熟的神情，但恰恰与意大利的那些蠢驴可有一比。人们在驴的头上绑了一根捆着草料的木棍，这样驴的步子就迈得欢了，因为它看到草料总是在眼前，希望能一嘴够到这些干草。这些人终其一生，都在欺骗自己，因为直到他死去，他也只是在这个世间匆匆忙忙走了一遭。

我们不要老是在计划、担忧未来，或者一味沉湎于往事之中不可自拔。我们千万不可忘记：当下才是唯一真实可靠的。与此相反，未来总是与我们所设想的格格不入，过去也同样与我们对过去的惦记迥然不同。

从整体来看，不管是未来还是过去，都没有它在我们眼中的样子那么重要。遥远的距离使物体在眼中变小，但在思

◆ 人生的智慧 ◆
The Wisdom of Life

想中却变大。唯有当下才是真正实际存在的，它确实是充实的时间，并且，只有在它那里才有我们的生存。因此，我们应该始终快乐地珍惜当下，有意识地享受每一段尚可承受的、没有直接的厌烦或痛苦的自由时间。也就是说，不要因为过去，而把希望落空了；也不要为将来顾虑重重，却把当下毁了。因为，追悔过去，或者顾虑未来，而去排斥当下的美好时光，或者任意糟践它，这是十足的蠢事。我们可以用一段特定时间来顾虑甚至追悔，但从此以后，我们应该这样思考已经发生的事情：

> 但是，无论世事多么令人感伤，我们还是想让它过去；
> 并且，无论世事多么令人煎熬，我们还是要克制不满。

关于未来：

> 它全在诸神的腹中孕育。

相反，对于现在：

> 你要把每一天视为一个特别的生命。（塞涅卡语）

而且我们应该尽可能愉快地度过这段真实的光阴。

有些灾祸将来必会发生，甚至它们到来的时间是确定无疑的，对此我们有必要担心。但是这样的灾祸极少发生，灾祸要么只是有可能发生，不过是在任何情况下都有可能；要么灾祸虽然必定会发生，但它的到来时间是完全不确定的。假使我们为这两种情况而惶惶不可终日，那么我们就片刻不得安宁。为了避免我们的安宁因为不确定或者未规定的灾祸而丧失掉，我们必须习惯于将前者视为绝不会发生的事情，将后者视为肯定不会立刻降临。

一个人越害怕安宁，他就越容易受到意愿、欲望和期待的刺激。歌德写过一句广为流传的诗："我从不指望任何事物。"这句话是说，一旦我们摆脱任何可能的困难，被贫乏而赤裸裸的生存所拒绝之后，我们就会分享由人类幸福的基础所构成的精神的安宁。

对于人的当下，也因此对于人的整个生存，精神的安宁是必不可少的享受。正是为了这个目的，我们应该牢牢记住，眼前的日子唯有一次，它一去不复返。然而，我们只是错以为，它会在明天再来；但是明天又是另一天，它也仅有一次。我们忘却了，每天其实就是生命的一个不可分割也不可代替的部分。我们要把它仅仅视为生命中的组成部分，就像共同概念中的单个事物一样。

无论如何，假如我们的日子美好、健康，我们就应更珍惜当下，享受当下。我们总会意识到，当我们被病魔缠身，或者愁眉不展时，我们会回想起每一段无忧无虑的时光，一个无限令人神往、却已经丢失的天堂，一个熟识的好友，这些会历历在目。然而，尽管我们度过了自己的美好日子，却没有重视它们；只有当我们感觉欠佳时，我们才会希望重新得到它们。我们带着一副闷闷不乐的表情，让千万个开心快乐的时刻不满地从我们身边溜走。接着，我们又在惨淡的时候，徒劳地为那些快乐时刻叹息不已。

毋宁说，我们应该珍重每个尚可忍受的、平平常常的当下。但我们现在如此冷漠地听任当下从我们身边流逝，甚至不耐烦地要打发它。然而，当下会从现在变成过去所神化的东西，在那里，当下会被不朽之光所照耀，保留在记忆之中，尤其当我们身陷困境的时候，记忆的帷幕会被掀起，那已逝去的当下被我们视为心向神往的一个对象。

六

所有桎梏都会使我们幸福。我们的认识、活动和联系的范围越狭窄，我们就会越幸福。反之，这些范围越广泛，我们就越经常感到痛苦不堪、惶恐不安。因为，当这些范围扩大时，我们的担忧、意愿和恐惧也会增多。因此，甚至连盲人都没有我们预先认为的那样不幸，他们脸上那温和、近乎怡然自得的安宁，就说明了这一点。

同时，在我们生命的前后两半部分中，后半辈子比前半辈子更加悲惨，这部分是基于这个原则。因为在我们的人生进程之中，我们的目标和关系的界限会不断拓展。在孩提时代，我们的世界被局限在最近的环境和最狭窄的关系中。在青少年时代，我们的世界已经显著拓宽了。及至成年，我们的世界包括我们的全部认识，当然也会延伸到最严肃的关系中，即涉及国家和公民。到了耄耋之年，我们就要为我们的子孙后代着想。

我们的每个限制则与之相反，甚至我们的精神限制也不能例外，它们都是我们的幸福所要求的。因为意志受到的刺激越少，我们的苦难就越少；并且，我们已经知道，苦难是肯定的，但幸福却是否定的。限制外在活动范围，我们就能够避免刺激意志的外部动因；限制精神活动范围，我们就能消除刺激意志的内部动因。

只是精神活动的限制有这么一个坏处：它开启了无聊之门，是无数困难的源泉。人们为了打发无聊，就去寻欢作乐，比如消遣、交际、奢侈、赌博、酗酒等，由此招来各种悔恨、堕落和灾祸。"一个人在悠闲时是很难安宁的。"

外在限制恰恰相反，这种限制越多，它就越有助于人们的幸福，对幸福越有必要。在田园诗那里，我们就明显看到这点。田园诗描绘一些过着诗情画意的田园生活的人，他们总是纯粹地活在最局限的环境中。正因为这种感受，使我们在欣赏那所谓的风俗画时，会对画中的世界心驰神往。

因此，尽管生活状况极其俭朴，甚至生活方式极其单调，但是，只要生活不生出无聊，那足以让我们幸福。因为这就是生命本身，而生命的根本重负让我们无从察觉：生命像一条小河潺潺流远，没有波澜，亦无漩涡。

七

无论我们感到欢乐还是觉得痛苦，追根究底，它们都取决于我们意识的内涵和活动。大体来看，纯粹的智力职业，对于与其能力相配的人而言，在促进幸福这方面，都已大大超过实干的生活。因为实干的生活成败总是难有定数，并且我们也为之担惊受怕、饱受折磨。只不过，智力职业要求从事这一职业的人，他们必须具备优越的精神能力。在这里值得注意的是，就像那些外在的现实生活，它们会分散、转移我们从事智力职业的注意力，并夺去为此所必需的心灵安宁和专注一样；持久的智力活动，会多多少少削弱我们应付现实生活中的嬉戏玩乐的能力。所以，万一有情况发生，我们被要求去做一件精力充沛的实践活动时，那么暂时完全中止智力活动是可取的。

八

为了过一种审慎的生活，并且从自己的生活经验中吸取教训，我们必须经常反省，总结我们所经历、所从事的事情，以及我们对它们的感受；还要把我们以前对事情的判断和现在的看法，以及以前的计划和追求与最终的结果和满意，进行互相比较。这是每个人对从经验中读取的告诫的复习。

我们可以把每个人自己的生活经历视为一本书的正文，反思和认识是这本书的注解。有些人可能有很多反思和认识，但他们的经验却很少；这就像一本书，正文只有短短两行，但注解却多达四十行。也有一些人，他们的经历丰富多彩，但他们的反思和认识却空洞乏味，犹如比邦迪出版的书，没有注释，使正文的很多部分语焉不详。

毕达哥拉斯发现的规律与这里所给出的建议是一致的：我们在晚上睡觉之前，应该仔细反思我们白天的所作所为。谁如果整天被俗事或享乐缠身，没有时间去审视过去的事情，他的人生就始终是刚刚才起步，生活缺乏审慎的思考，性情如同混乱的世界，思想杂乱无章。我们可以在和他交谈时，从他那突兀、破碎、短小的话中，就可以看到这些。外在的不安宁越严重，杂事的影响越多，精神的内在活动越少，那么这种情况就越多。

在这里值得一提的是，经过较长时间之后，或者那些影响我们的情境已经过去的时候，我们再也无法唤回、重温当时被这些情境所激发的情绪和感受，但是我们可以回忆起当时由这些情境所产生的见解。这些见解如今成为当时情境的结局、表述和尺度。这样，对那些值得纪念的记忆，或者手稿，我们应该妥善保管。日记对此是很实用的。

◆ 人生的智慧 ◆

The Wisdom of Life

九

对于我们的幸福而言,能够做到恬然自乐,与万物为一,并且能够说:"我把我的拥有带在身上了。"这是大有裨益的素质。因此,亚里士多德的名言"幸福属于那些自得其乐的人",这就无须经常重复了(尚福尔的话所说的也是这个基本思想,我已经把这句话作为格言放在本书的开头了)。部分是因为,人们带着些许安全感,不能指望别人,只能依靠自己;部分是因为,世事无常,困难与不足、危险与不快,难以计数,无法避免。

对于幸福来说,再没有别的生活比这种生活更颠倒错乱:在大千世界之中,过着花天酒地的日子。因为它试图将我们的悲惨生活,变成永无休止的欢喜、快乐和享受,同时还带来错觉。尽管这种错觉如此少,但与这种生活必然伴随的是人与人之间的坑蒙拐骗。①

首先,每个社交必然要求人们相互理解和克制,那么社交的场子越大,人们就越感到枯燥。只有当每个人独自一人时,他才会完全成为自己。所以,谁无法消受孤独,谁就无福消受自由;因为只有当一个人独自面对自己时,他才会自

---

① 正如我们身上会穿上节日盛装,我们心灵则会蒙上甜言蜜语。我们的言语、行为,我们的整个人生,莫非自欺欺人。有时,人们会通过我们的谎言这层纱布,看穿我们的真实心意,就像他们可以借助节日盛装看出我们的体型一样。

由。局促不安与每个社交场合如影随形，并且，一个人自身的个性越是明显，他就越难做出社交所要求的牺牲。

与此相应，每个人会精确地按照自身的价值的比例，他或者逃避孤独，或者承受孤独，或者喜爱孤独。因为在孤独的自我中，一个悲惨的人会感觉到他的悲惨，一个精神强大的人会感觉到他的精神之强大，总而言之，体会到他自身的本性。

除此之外，一个人在大自然的名册上站得越靠前，他就越孤独，确切来说，这是根本性的，也是不可避免的。如果在他身上，生理的孤独与精神的孤独相符，那么这对他而言无异于一件幸事。否则的话，他在与和自己迥然不同的人频繁来往时，会常常受阻，甚至会对他不利，夺走他的自我，对此他却得不到任何补偿。进而，当大自然在人类的道德和理智之间设置最大的差别时，但社会对这些差别熟视无睹，对每个人都一视同仁；甚至，社会设置人为的差别、等级和身份的秩序，它们完全与大自然的名册截然相反。那些在大自然中低微的人，在社会的秩序中却过得相当滋润。但是，那些被大自然所青睐的人，在社会中却微不足道，来去匆匆；这样一来他们也就养成回避社交的习惯。在社交中，人一多，卑鄙无耻者就唱主角。

在社交中，败坏精神伟大之人的兴趣的原因在于，对能力不同，因此成就不同的其他人，社交都给出相同的权利，因而提出相同的要求。所谓的上流社会让各种才干登台亮相，独独没有精神才干，它甚至被视为走私货。社会约束，要我们无限包容愚蠢、迟钝、颠倒；相反，具有个性优势的人应该恳求原谅，或者将它们隐藏起来。因为才智出众的人的精神思考以其纯粹的生存，伤害了他人的愚昧，尽管他的意志并未为之推波助澜。

因此，人们所称赞的社交的好处，其实无非坏处。它向我们描绘了那些我们既不赞赏也不欢喜的人，而且，它还不允许我们成为与我们的自然本性相适应的自我。毋宁说，为了让我们与他人保持一致，它迫使我们变得萎缩，甚至迫使我们让我们的自我变得畸形起来。富有精神的对话或者理解，仅仅属于富有精神的社交。在庸俗的社交中，人们简直仇视富有精神的东西。

所以，为了融入这种庸俗的社交之中，人们完全有必要把自己变成一个平庸乏味、鼠目寸光的人。在这种社交中，为了和别人一样平庸，我们必须勉力克制自己，放弃自我。但是，我们也因此而得到别人的认同。不过，假如一个人的自身价值越高，那么他就越会感到他的所得无法弥补他的损失，这笔交易于他并不划算。因为，在通常情况下，人们无力支付杰出人士的自身价值。在交际中，人们把无聊、埋怨、烦恼和自我否认强加给杰出人士，却无法为之偿还。如此一来，大部分的社交有这么一个特点：谁放弃了孤独，谁就做成一笔好买卖。

进一步说，由于社交中的人无法忍受真正的精神优越性，它在社交中也难见踪影，为了取代它，人们为社交活动招来了一种虚假的传统优越性。这种传统优越性基于任意的规则之上，按照惯例在上层社会中繁衍，就像一个口号，变化不定。这种优越性被当作优雅的腔调、漂亮的时髦。不过，一旦它与真正的优越性陷入冲突之中，它的弱点就暴露无遗。为此，"礼仪一登场，理性就退场"。

  但是，一般而论，每个人只能与自己保持最完整的一致，而不是与他的朋友，也不是与他的爱人。因为每个人的个性和情感总会导致一种与他人不协调的东西，尽管这种协调可能很小。因此，除了健康之外，心灵的深刻满足和感受的完全安宁是俗世中的至高福分，它们只能在孤独中寻觅，并且唯有在最深的心灵回归中成为一个持久的状态。如果人们自己的自我强大且丰富，那么人们就享受到在这个贫乏世界上所能找到的最幸福的状态。诚然，有人会说，友情、爱情和荣誉把人们紧紧绑在一起，但是，开诚布公地来说，每个人最终只能对自己好，最多只能对他的孩子好。

  如果由于受制于主观或客观环境，导致一个人与别人的联系就必然变少，那么他在这种关系中反倒越好。孤独与单调即使不让我们一下子感受到它们的弊端，也会让我们对它们有所认识。相反，社交的祸害却藏而不露，它们躲在消遣、小道消息和享受交际的背后。年轻人的主要课程应该是学会忍受孤独，因为孤独是幸福和心灵安宁的一个源泉。

  由此可以得出一个结论：一个只依靠自己并且能够完

完全全做自己的人，这种人就是最优秀的。西塞罗甚至说："一个完全依靠自己、把所有一切都托付给自己的人，他是不可能不幸福的。"此外，一个人拥有的越多，别人所能给予他的东西就越少。诚然这种感觉是完全充分的，它使人们不会因自身内在的价值和财富，而为与别人的交往做出他们所要求的显著牺牲，更不用说为寻求这种交往而刻意否定自我。

凡俗之人的情形与之恰恰相反，他们热爱交际，喜欢妥协；与忍受自我相比，他们更容易容忍别人。更有甚者，在此世间，有价值的东西不受待见，备受待见的东西毫无价值。结果，每个自尊自重、超凡脱俗的人都会选择归隐。一个人秉承某些道义在身，如果他在必要的情况下，为了维护、拓展自己的自由，并因此尽量少满足于与他人来往（因为他毕竟不可避免地与他人有关系），那么他就限制自己的需求，这才是真正的人生智慧。

另一方面，热衷交际的人所做的事，无非是为了承受自己的无能、孤独和深陷社交难以自拔的自我。这就是内心的空洞和烦恼，囿于这些空洞和烦恼，他们即使身处社交之中，但却恍如在偏僻之地，负重前行。他们的精神死气沉沉，没有动力让自己活动起来。

为此，他们试图去拔高自己的精神，于是狂饮烈酒，像许多人一样成为酒鬼。正是因为如此，他们需要来自外在的、最强烈的持续刺激，换言之，他们需要和与他们臭味相投的人为伍。一旦没有这些,他们的精神就在自己的沉重之下沉沦,陷进一种沉闷的冷漠之中。①同样,我们可以说,对这类人来说,他们中的每一个都只是人类这个理念的一小块破损的内容,为此他们需要其他人的许多补充,这样他们才有点人类完整意识的样子。相反,谁是一个完整的人,一个绝对的人,谁就是统一的人类理念的化身,一个完美无缺的人,一个自足的人。

在这个意义上,人们可以把这种庸俗的社交和俄国的喇叭乐曲相比。在这种音乐中,每个喇叭声只有一个音调,唯有在所有的喇叭声一起准时地响起时,一个曲子才被弹奏出来。凡夫俗子的趣味和精神空洞乏味,正如这种单一的喇叭,很多这样的人看起来好像永远只有这种一成不变的思想,没有能力再去思考别种异样的东西。

因此,我们不仅知道,为什么这些人如此无聊透顶,还

---

① 我们知道,当人们合力承担不幸时,不幸就会减轻很多。人们似乎将无聊也归为不幸了,于是他们就喜欢乌合成众,把无聊进行到底。正如对生命的热爱,源于对死亡的恐惧,同样,人们对交际的冲动,根本来说,不是因为对社交场的热衷,而是对孤独的畏惧。因为,人们不是在寻觅与他人在一起的美妙时光,而是在逃避寂寞的沉闷与压抑,逃避自己意识的单调。为了躲避自己,人们将庸俗的社交当作自己的癖好,深深陷入由此必然招致的厌烦与拘束之中,不能自拔。

不过,假如对种种这些社交的厌恶战胜了对它们的依赖,那么,人们就产生了独处的习惯,磨炼出感受孤独的能力,结果,他们就不会对孤独感到沉闷和压抑。更让人们感到舒畅的是,他们不必再对社交孜孜以求。也正因为人们不再需要和庸人为伍,人们也就养成了偏好独处的习惯。

知道，为什么他们那么热衷寻欢作乐，也最喜欢成群结队地出游，"人类的群居特征"。他们自身的单调本质在于，他们每个人都无法承受他们自身。"很多的蠢材都患了厌恶自己的毛病。"只有扎堆在一起，通过众人联合起来的力量，他们才能算得上某种东西，正如那些喇叭音乐。

恰恰与之相反，精神丰富的人可以比作一个音乐家，他能够独自举办自己的音乐会；或者他本人就可以比作一台钢琴。就像钢琴本身就是一个乐队一样，这个人本身就是一个小宇宙。别人同心协力演奏出来的曲子，他在自己的意识中，就可以将同一个曲子描绘成一个统一的东西。就像钢琴一样，他不是交响乐中的一个部分，而是适合独奏和孤独。所以，如果他有必要与别人合奏的话，那他就像乐队中的钢琴一样，只能作为有其他乐器伴奏的主音。或者，他像钢琴那样为声乐定调。

谁参加过社交活动，谁就可以从这个比喻中概括出一个规律：一个人的社交如果在质量上有所欠缺，那么他必然就会通过社交的数量来代替这些欠缺的部分。在这种交际中，哪怕只遇到一个精神丰富的人，那也足够了；如果没有这样的人，那就只好找那些乌合之众了。在那么多人里面，还是可以发现一些有价值的东西，那么，借助众人的多样性和共同努力，总会捣鼓出什么名堂来。这就与上文所谈及的那种喇叭音乐一样。不过，但愿上天赐予他足够的耐性！

我们可以这样来看待每个人的内心空虚和贫乏：假如一

Chapter05 | 建议和格言

些比较优秀的人，出于某个高尚、理想的目标，成立一个团体，那么，这个团体的结局几乎难逃同一个命运。因为这个世界上有难以计数的庸人，他们像害虫一样遍地都是，密密麻麻。他们总是准备抓住任何驱逐无聊的机会，就像他们遇到其他情况时的无能一样。在这些乌合之众中，有一些人混进或闯入这个群体。于是，这个群体很快就散了架，或者变得完全与原来的初衷南辕北辙。

此外，人们可以将交际视为人类相互之间在精神上的一种取暖方法，这与人们的身体在寒冷中会挤在一起取暖类似。然而，谁自身拥有足够精神能量，谁就无须与庸人抱团了。在《附录和补遗》的第二卷最后一章里，人们可以发现，在我所编造的一个故事里，也有相同的意思。据此看来，每个人对交际的兴趣，大概与他的精神价值恰恰相反。并且，"他非常不擅长交际"几乎就是说"他是一个卓尔不群的人"。

孤独会给才智出众的人带来双重好处：第一，他可以独处；第二，他可以不必和别人在一起。如果我们担心交际会给自己带来许多束缚、麻烦，甚至风险，那么我们大可高高评价第二点好处。拉布吕耶尔曾经说过："我们所有的灾祸都源于我们没有能力去独处。"交际是一种危险，甚至是堕落的爱好，因为和我们交往的人，大多数都道德败坏、智力迟钝或者颠倒。不喜交际的人，就是一个对这些一无所求的人。因此，如果一个人自身拥有的足够多，以至于根本无需社会交际，那么，这实在是一大幸事。因为我们几乎所有的苦难都从社会交往中产生；而心灵安宁是除了健康之外，能使我们幸福的最重要的因素，它会受到社交的危害。所以，如果没有一份重要的孤独，那么这种心灵安宁也就荡然无存了。

为了享受心灵安宁之乐，犬儒主义者抛去所有资材。谁如果与之志趣相合，放弃交际，谁就选择了最明智的生活方式。贝尔纳丹·德·圣皮埃尔的话一针见血，且如此精彩："限制饮食可以保证我们的身体健康，限制社交则可以保证我们的心灵安宁。"如此看来，谁要是及早与孤独为友，甚而为孤独所爱，那么他就收获了一个金矿。

然而，并非人人如此。因为，正如刚开始是困境把人赶在一起；困境解除了之后，无聊又把人们赶到一起。如果没有困境和无聊，兴许每个人都会独处。因为，只有在孤独中，环境才能与每个人独有的重要性一致，也就是说，与每个人在他自己眼中的唯一性一致。然而，这种唯一性被世上拥挤的人群挤压得微不足道，好像每一步所到之处，都得到痛苦的否定。在这种意义上，孤独甚至就是每个人的自然状态：它让人重新去做第一个亚当，去过原始的、与他的本性相适应的幸福。

然而，亚当既非父亲，也非母亲。因此，在另一种意义上，孤独又迫使人们逃离自然状态。只要一个人来到这个世界上，他就发现自己并非孤身一人，他有双亲和兄弟姊妹，身在一个集体之中。照此来看，对孤独的热爱并非作为人的原始倾向而存在，而是对生活经历和反思的首要结果。并且，按照一个人精神能力的发展，同时伴随着年纪的增长，对孤独的热爱才得以形成。与此相应，从整体来看，每个人的社交努力则与他的年龄成反比。

一旦让小孩子单独待上几分钟，他就会更加又恐惧又可怜地叫喊。独处对于男孩而言是最大的忏悔。年轻人容易和别人结为友伴，只有品德优良、才智出众的年轻人才会偶尔尝试独处，但是，让他独自一个人待上一天，那对他还是比较困难的。相反，成年人就容易独处了，他已经一个人度过了那么多日子，年岁越大，孤身一人的时间就越多。在老年人那里，他的同辈一一离他而去，把他剩下来。有时候他冒出享受生活的念头，有时候这些念头又慢慢消失，在孤独中他寻到了自己生命的元素。

但是，这向来都是如此：在独身自处时，一个人的思想分量越重，他对与世隔绝、怡然自处的偏爱也越多。正如刚才所说，这种情况不是通过需求所带来的纯粹自然、直接的结果，而是生活经验和反思造就的影响。这种反思是对普罗大众的悲惨命运，在道德和理智上所获得的洞见，进而对这种洞见进行再思考的结果。因为在普罗大众那里，存在着最糟糕的东西：在他们个人身上，堕落的道德与低级的理智合谋，联手作恶，做出极其令人厌恶的事情来。这也是我们在与大部分人交往时感到不快，甚至难以容忍的原因。

结果，在人世间，有很多事情固然糟糕，但最糟糕的是身在庸俗的聚会中。连交游甚广的伏尔泰也不得不说："世

◆ 人生的智慧 ◆

The Wisdom of Life

界上挤满了不值得我们与之谈话的人。"温和的彼得拉克挚爱孤独，他对他的这一倾向阐明了同样的道理：

> 我总是在寻找一种孤独的生活（小溪、田野和
> 森林还可以为之作证），
> 逃离那些麻木的精神，
> 与之为伍使我无法选择那条通向光明的道路。

同样，在彼得拉克那本出色的书《独处的生活》中，他也论及相同的道理。这本书似乎成为席马曼那本著名的谈论孤独的书的样板。尚福特则以讽刺的口吻，指出导致离群索居的次要的和间接的根源。他说："人们偶尔谈论某个人，说这个人独自生活，不爱交际。这就好比我们说某个人不爱散步时，可作为理由提出来的仅仅是他不喜欢在邦迪的树林里散步。"[①]甚至温和的基督教徒安格鲁斯·西莱西乌斯，也以他的智慧和神秘语言，谈论同样的道理：

> 约瑟夫知道，希律王是敌人；
> 因为上帝在他的睡梦中告知他危险所在。
> 伯利恒是俗世，埃及是孤独之地。
> 奔跑吧，我的灵魂！奔跑吧，否则你会受难而死。

---

① 在《玫瑰园》中，萨迪也说过类似的话："在此期间，我们也就与社交中人分道扬镳，而另外一条特殊的路也就在我们眼前延伸，那就是栖息在安定的孤独之中。"

Chapter05 | 建议和格言

乔尔丹诺·布鲁诺也获悉同样的道理:"许多在尘世上的人,想过天堂般的生活,他们曾经众口一词地说:'看,我已经逃离很久了,并且会一直留在孤独中。'"同理,波斯人萨迪在他的诗《玫瑰园》中,这样描述自己:"我在大马士革的朋友令人厌恶,我隐居在耶路撒冷附近的荒地,寻觅动物的生活。"

一言以蔽之,那些被普罗米修斯[①]用较好的黏土造出来的人都说过同样的话。这些优秀的人与凡夫俗子的某种联系,只存在于人类自己本性中最低下、最不高贵的部分,也就是那普通、浅薄、庸俗的部分。凡夫俗子喜欢抱团,并且由于他们无法提高自己的水平,只会把那些优秀的人降低到自己的层次。那么,优秀的人与这种人打交道,他们还怎么会想到什么乐趣呢?结果,这些优秀的人自视甚高,萌生离群索居、享受孤独的倾向。

所有无赖都喜欢交际,他们实在太可怜了。相反,一个高贵的人,他看起来不会对其他东西感到快乐,而是越来越偏好社交生活中的孤独。随着年龄的增长,他逐渐认

[①] 普罗米修斯,希腊神话中泰坦十二巨神的后代,名字中有"先见之明"的意思,是最具有智慧的神明之一。他是泰坦巨神之一的伊阿佩托斯和海神克吕墨涅之子,但他却站在新神奥林匹斯山神一边,并得到宙斯所赏识,留在奥林匹斯山上。普罗米修斯用黏土按照自己的身体造出了男人(火神制造了世界上第一个女人),并从天上为人类偷来了火,雅典娜则赋予了人类灵魂和神圣的生命。——译者

◆ 人生的智慧 ◆

The Wisdom of Life

识到，在这个世界上，除了个别情况之外，只存在两种选择：孤独或者下流。这话听起来很难做到，但即使是安格鲁斯·西莱西乌斯，虽然他有着基督徒的温和与慈爱，他也免不了要说：

　　孤独是困境，但绝非下流；
　　如果这样，你到哪里都是在一片荒漠中。

人类的真正导师不乐意与其他人有太频繁的往来，这对作为一个精神伟大的人来说是很自然的；正如教育家不愿意与围着他吵闹的一大群孩子游戏。这些人来到世界上，是为了指引人们跳出谬误的海洋，把他们从粗野和低俗的昏昧深渊中，拉向向往光明的文明和教化之中。虽然他们必须生活在那些凡夫俗子之中，但不会真正沦为他们的同类。从青年时代开始，这些精神伟大的人就明显感觉到自己的与众不同，但是，随着年龄的增长，他们逐渐清楚地认识到自己的使命。本来，他们在精神上就与俗人有差异，现在，他们更刻意在身体上与俗人保持距离。没有人可以靠近他们，除非这些人自身或多或少与那些昏庸之辈迥然有别。

由此，我们可以看到，对孤独的热爱并非直接就是一种原始的追求，而主要在精神高贵的人士那里，一步一步间接地形成。在这个过程中，他们不得不克服与普通人类交往的冲动，甚至要时常警惕莫菲斯特①的怂恿：

> 停止玩弄你的悲哀吧，
> 它像一只秃鹰吞噬你的生命；
> 卑劣的社交让你感到你只不过是一个凡夫俗子。

孤独是所有精神杰出的人的命运。他们有时为此叹息不已，但是他们总会在孤独与平庸之中选择孤独。尽管人们年纪渐长，但是"要敢于做一个理性的人！"在这里一向是更加好理解的，也更显得自然。并且，一个人到了花甲之年，孤独其实是一个更合乎自然的追求，当然也是一个更本能的选择。因为，此时此刻，各种因缘都成熟了，这也就助长了人们对孤独的向往。对社交的热衷，也就是对红颜之爱、鱼水之欢的痴迷，已经荡然无存。诚然，宝刀既老，其性也无，这却是人的自足的最好机缘，而自足则吸收人对交际的一般念想。以前，我们在花花幻象和昏昏蠢事中讨生活；现在，我们幡然醒悟，活跃的日子大多结束了，再也没有什么可期待了，再也没有什么计划和打算了。与我们交心的同辈撒手归天，与我们陌生的后辈环绕周围，这时，我们已经彻彻底底孑然一身。

这样，时间之流兀自加速，我们更愿意花时间去做精神事务。因为，如果一个人的能力只是限于他的头脑中，那

---

① 莫菲斯特，是歌德创作的《浮士德》中引诱浮士德堕落的魔鬼。——译者

◆ 人生的智慧 ◆

The Wisdom of Life

么，很多学到的知识和收获的经验、逐渐研究完善的思想内容，以及能力的熟练运用，这些现在都会使各种钻研变得比以往更加有趣，也更加容易。对于繁杂的事物，以前我们看着它们犹如雾里看花，现在则一目了然。所以，我们得到了成果，也感受到了自己的优越性。

在饱经世事之后，我们不再对别人抱有太多的期望。因为，大体来说，别人并非我们通过进一步了解之后，就能与之交心的人。毋宁说，我们很清楚，除了罕见的幸事之外，我们只会遇到人性中极其恶劣的样本，对此，我们只能敬而远之。我们因此不再被普通的幻象所欺骗，可以一眼看穿一个人的本性，很少发觉可以亲切往来的人。最终，尤其当我们把孤独也认作一个红颜知己时，我们越来越选择与世隔绝、与己为友，并且，这成了我们的第二本性。

以前，孤独的空间必然被对社交的向往所剥夺；现在，享受孤独成为一个完全自然、简单的热爱。我们身在孤独中，可谓如鱼得水。结果，任何出色的人，由于他自己与众不同、个性突出，所以在青年时代，他就要忍受根本的独处，但是到了年老之后，他就可以借此宽慰了。

因为，老年的这种现实好处，每个人只能按照自己的智力能力享受，因此，头脑非凡的人所获得的乐趣最大，而比较愚钝的人所获的享受就少一点。只有那些极其空虚、极其下流的人，才会在老年时，仍然像以前一样喜欢交游。对于那些不再适合他的社交来说，他只会讨那里的人嫌弃，他们最多能做到容忍他；但此前，他可是社交场中的主角。

我们的年龄与我们的社交爱好成反比，在这里，我们还可以发现一种目的论。一个人越年轻，他就越需要在各方面多学习。大自然也为人们提供互动型的课堂，在与同龄人的交往中，每个人都可以开展这种互动。从这个角度来看，人类社会可以被称作一个巨型的贝尔-兰开斯卡制[①]的教育机构。因为书本和学校是人为的，它们是远离大自然的计划的产物。所以，一个人越年轻，他就越勤于合乎目的地参与大自然的课程。

贺拉斯说过："在世界上没有完美无缺的事情。"印度也有一句俗话："没有带秆的莲花。"所以，孤独虽然有许多优点，但也有少许缺点和困难之处；不过与社交的不足相比，孤独的缺点就显得少多了。因此，谁如果自身就拥有某些可圈可点的东西，谁就发现，无人相伴比与人相处更轻松。

在孤独的所有缺点之中，有一个缺点，不像别的缺点那样，容易引起人们的关注：就像长时间待在屋子里时，我们的身体就容易受到外界的影响，即使吹点风也会感冒发烧；同样，长期与人不相往来，生活在孤独中，会使我们的情绪对外界相当敏感。我们可能因为一些鸡毛蒜皮的小事和无关

[①] 贝尔-兰开斯卡制，也称导师制，是产生于19世纪初英国的一种教学组织模式。由教师先教年龄大的学生，再由其中的佼佼者"导生"去教年幼或学习差的学生。因为这个模式是由牧师贝尔和教师兰开斯卡创制，故称为贝尔-兰开斯卡制。——译者

痛痒的话，甚至仅仅因为别人一些无关紧要的表情，就会感到不安、悲哀或者伤心。而别人因为生活经常变动，对这些事毫不在意。

不过，在现实中，倘若有谁因为不能容忍别人的合情合理的反感，就退回到一个人的世界中，但是又无法忍受这种长期单调的孤独，那么，我会建议他，要习惯于把孤独带到社交中去，他必须学会即使在和别人交往时，也要保持一定程度的独处。因此，他也不要把自己所想到的东西立刻告诉别人。另一方面，不要太把别人的话当真；更确切地说，无论是在道德上还是在理智上，都不用对别人的话抱着太多的期望。因此，对别人的评价，他要坚定自己那种听之任之的态度。为了始终保持一种值得称赞的宽容气度，这是最稳妥的方法。这样，即使他和别人打交道，也不会完全被困在他们的圈子中，而是根据社交的需要，采取更纯粹的中立态度。如此一来，这将避免他与社交场的往来过于紧密，也因此保护他免受侮辱，甚至伤害。

有关这种节制，或者设防的社交方面，在莫拉丹的喜剧《咖啡馆或者新喜剧》中，尤其是在这部剧的第一幕的第二景中，莫拉丹对德·佩德罗的性格的描写值得一读。在这个意义上，我们可以将社交比喻成一堆火。聪明人晓得在取暖时，与火保持一段恰当的距离，而不会像傻子一样把手伸到火里去烤，在烤伤自己之后，落荒逃进寒冷的孤独中，抱怨火焰太灼人。

十

嫉妒对于人类来说是自然的,但是,它同时是一种恶习,也是一个不幸。因此,我们应该将之视为我们幸福的敌人,并且要把它当作一个邪恶的魔鬼去扼杀掉。对此,塞涅卡以优美的语言来教导我们:"如果不和别人攀比,我们应该为自己感到高兴;可是,如果我们因为别人的幸福而备受折磨,那么我们绝对不会幸福。"

所以,我们应该经常关注那些比我们活得糟糕的人,而不是那些看上去过得比我们好的人。甚至,当不幸切切实实降临的时候,关注那些比我们更悲惨的人,会给我们带来莫大安慰,虽然这种安慰与嫉妒如出一辙。然后,当我们看到和我们处境相同的人,看到这些难兄难弟时,我们的心里就更加平衡了。[1]

关于嫉妒的主动方面,我们就说那么多;至于嫉妒的被动方面,有一点要记住:没有哪种仇恨会像嫉妒一样不可和解。所以,万万不可总是刻意去激起嫉妒;毋宁说,由于其危险后果,我们要放弃嫉妒带来的享受,就像放弃其他享受一样,这样做会更好。

---

[1] 人们心怀嫉妒,表明他们深感不痛快。他们向来留意别人的所作所为,表明他们无聊透顶。

世上有三种贵族：受惠于出身和身份的贵族；受惠于财富的贵族；受惠于精神的贵族。诚然，精神贵族是最为可取的，只要人们给他们时间，精神贵族的高贵就会被人们认可。腓特烈大帝早已说过："精神卓越的人可与王侯相提并论。"他对他的御前大臣也说过这样的话，因为文职大臣和将军在大臣宴席吃饭，而伏尔泰却可以坐到只留给国王和王子、王后的桌子上，这些大臣们对此耿耿于怀。

在每一种贵族周围，围绕着一大批妒火中烧的人，暗地里他们对贵族们所拥有的一切嫉恨不已。假如他们不再畏惧那些贵族了，他们就变着花样，煞费苦心地告诉他们："你也不过如此！"不过，他们的这番苦心反倒暴露了相反的事实。所有享有荣华富贵的人，他们都要远离对他们的一切眼红心热的人，并且尽可能与之少往来，以便双方之间留有一个巨大的鸿沟。如果这些都不奏效，那么在和嫉妒的人打交道时，要尽量保持从容自如，因为使嫉妒者嫉妒的缘由足以让他们的愤怒、偃旗息鼓，这是一个放之四海而皆准的妙计。

相反，在这三类贵族之间，他们通常关系还不错，并没有互相嫉妒。这是因为他们各自的优势足以使相互之间保持平衡。

十一

人们在将一个计划付诸行动之前，总是权衡再三，甚至在将所有情况都彻彻底底考虑过之后，人们还是得承认，人类的认识还是远远不够，以致始终有一些无法考察或预料到的情况发生，并且这些情况一旦出现，我们的全盘计划就行不通了。

这种想法在消极方面很有分量，它提醒我们，在面对重大事务时，非到万不得已的时候，千万不可搅动局势，"不要轻举妄动"。但是，一旦我们做出了决定，并着手采取行动，那么现在就让一切事情顺其自然，我们只能静候结果。我们不要一味翻来覆去地去回顾那些已成现实的事情，也不要为可能的风险而一再担惊受怕。现在，我们不如完全放下这些顾虑，认定全部想过的事情都已经想清楚了，坚信我们已经在适当的时候充分考虑适当的情况了。意大利人也有这样的建议，歌德把它翻译成了德语："坐上马鞍就放心骑吧！"（顺便说一句，歌德搜集的许多名言警句都是意大利的谚语。）

但是，万一结果不容乐观，那这是因为所有人类事务偶尔受到了不该有的惩罚。苏格拉底，这个世界上最有智慧的人，即使是在处理个人事情时，为了避免哪怕最微小的差错，尚且需要一个神灵来告诫他。这说明，人类理智并非无所不能。

据说，有一个教皇有一句格言，是说当我们遭遇每个不幸时，我们至少在某种程度上要承担罪责。这话虽然不是绝对正确，不是在每一种情况下都是如此，但在大部分情况下却千真万确。甚至由于人们对这句话中的道理深有体会，所以人们尽可能掩盖自己的不幸，努力摆出一副事不关己高高挂起的神色。他们担心别人从自身的不幸中推断出他们的不幸。

十二

如果一个不幸事件已经发生了，因此无法改变，我们应该不要抱着这种想法：事情本来会有另外的结果；更不要幻想自己可以侥幸逃此一难。因为这种想法只会加深我们的痛苦，乃至难以忍受，如此一来我们只是在自作自受罢了。我们倒不如像那位大卫王一样，一旦他的儿子卧病在床，他就向耶和华苦苦哀求。当儿子死后，大卫王的祈求落空了，他就不再想这些事了。谁如果没法轻易宽宥自己，那么他就应该用宿命论的观点来跨过这个坎，相信所有已发生的事情，都是必然会发生的，因此是不可避免的。

不管这条规则怎么好，它毕竟是片面的。在我们遭受不幸时，它虽然对宽宥和安慰我们有直接帮助；但是，如果我们通常因为自己或多或少的疏忽、遗忘，而给自己招来了罪责，那么，如何才能防止当时的不幸发生？对之进行一番反复的、痛苦的思考是一个多多益善的自我惩罚，前事不忘，后事之师，这对将来大有帮助。我们完全不应该像我们经常做的那样，原谅自己所犯下的明显过错，或者试图粉饰、淡化自己的错误。相反，为了能够坚决避免以后重蹈覆辙，我们应该承担起自己的罪责，清楚认识到这些错误的整个教训。但是，我们为此就要遭受自责带来的巨大痛苦，然而，"谁没被责罚过，谁就没有长进"。

十三

对于一切有关我们的快乐和磨难，我们应该紧紧拉住幻想的缰绳，不要建筑任何空中楼阁。因为这样一来，代价太过昂贵，用不了多久，我们会唉声叹气地把它们拆毁。不过，我们更要对自己所臆想出来的仅仅可能的不幸加以提防，以免把自己的勇气给吓没了。如果这些担忧完全是空穴来风，或者只不过是牵强附会的想法，那么，我们应该从这种梦境中醒悟过来，立刻明白，所有想法无非幻术所为，我们要为更好的现实而感到欣慰，并且，无论如何，即使对于那可能性很小的不幸，我们都要未雨绸缪。

不过，我们的想象不会随随便便玩弄这些东西，它们只不过在徒劳无功地搭建一些让人亢奋的空中楼阁而已。它们昏暗梦境的材料无非是不幸的，这些不幸即使远未发生，但还算可以威吓到我们。梦想夸大了不幸，使不幸的可能性向我们步步紧逼，将它们描绘得异常可怕，真相反倒扑朔迷离了。

哪怕我们梦醒了，我们还不能像摆脱美梦一样，立刻摆脱这种噩梦。因为美梦在现实面前立刻破灭,现实至多只给我们留下美梦成真的一丝希望。但是,假如我们陷于不祥的想象中,无力自拔,那么这种心理活动就给我们一步一步带来难以摆脱的幻想。因为,一般来说,事情的可能性是确确实实存在的,并且我们目前无法把握这种可能性的标准。当事情变得越来越有可能发生时,我们就不由自主害怕起来。

因此,对于那些有可能给我们带来快乐和磨难的事情,我们要用理解力和判断力去观察它们,借助纯粹的概念,进行客观、冷静的思考。如此一来,想象只不过是一场游戏而已,因为想象没有判断能力,而只会在我们的眼前变出纯粹的幻相,然后这些幻相就诱发我们心灵中既无用又极为不快的想法。

在夜深人静的时候,我们尤其要严格遵守这条规则。因为,正如黑暗使我们害怕,我们到处都可以看到可怕的事情;同样,不明了的思想也是如此,因为每个不确定的因素都会带来不安全感。所以,在晚上,当我们放松下来时,知性和判断力就变得主观且晦暗,理智变得又疲倦又担惊受怕,无法探究事物的根基了。

如果我们心中默想的对象与我们个人有关,那么它们就戴着危险的面具,变得非常骇人。在通常情况下,我们夜里躺在床上时,精神完全放松,因此对事情不再有判断力了,这时,想象就蠢蠢欲动。黑夜给所有东西都覆上了黑色的面纱。因此在我们熟睡之前,或者在睡梦中醒过来时,我们所想的东西通常是一些奇形怪状、颠倒错乱的事情,就像在做梦一样。并且,当这些东西牵扯到我们个人事务时,它们一般看起来都阴森可怕。

在早上,所有这些在夜晚骇人听闻的幻相,一下子全部消失了。对此,西班牙有一句谚语:"夜晚是有色的,白天则是无色的。"然而,在晚上,即使点着蜡烛,我们的理解力也不能像眼睛在白天那样看得清楚,所以这时候不适合进行比较严肃的沉思,尤其不适合想那些令人不舒服的事情。相反,早晨就是很不错的时间,一般来说,它毫无例外地适合人们从事任何精神上的或者身体上的活动。因为早晨是一天的青年时期,所有东西都是快乐、新鲜、轻松的,我们感觉自己充满活力,能够充分发挥我们的全部能力。

我们不要赖床不起,也不要做一些无足轻重的事情,或者闲聊,辜负了早晨的美好时光;相反,我们须得将之视为生命的核心,至少保持一个活跃的状态。与之相比,夜晚是一天中的老年阶段。一到晚上,我们就无精打采、絮絮叨叨、轻浮草率。

每一天都是一个小小的生命,每一次苏醒、每一次晨起都是一个小小的新生,每一个崭新的早晨都是一个小小的青春,每一次赖床昏睡都是一次小小的死亡。

但是,一般而言,我们的健康状况、睡眠和饮食,气温、天气、环境,还有其他许多外在因素,这都会强烈影响我们的情绪,而我们的情绪又会对我们的思想有一个巨大

的影响。于是，就像我们对事情的看法一样，我们能力的施展也是如此，它们都非常受制于时间，甚至受制于地点。如此看来，

> 留意那良好的心态，
> 因为它们极为罕见。
>
> ——歌德

我们不必去等待某些纯粹客观的概念和原创的思想，因为它们是否会来临、什么时候来临，我们都没办法左右。即使当我们在预定的时间中去规定一件事情，并且已经按照它的情况对它进行考量，我们也无法获得对它的正确认识。反倒是，它们自会选择自己到来的时机，到那时，与事情相关的思路就豁然开朗，不请自来，我们就可以全身心投入其中。

约束我们的想象，就是不要让我们的想象把以前遭受的不公、伤害、损失、冒犯、歧视、侮辱等，回忆起来，并大肆渲染。因为这样一来，只会使我们久已沉睡的不满、愤怒和所有仇恨的情感，再度被激起，我们的心灵也再度被玷污。

新柏拉图主义者普罗克洛斯有一个出色的比喻：在每个城邦里面，都住着高贵、优秀的人，还有各种下等人。同样，不管在下等人那里，还是在最高贵、最杰出的人那里，都存在着人性，甚至动物性中最卑贱下流的东西。不许这些下等人被鼓动起来惹是生非，也不允许他们从窗口往外四处

张望，因为他们看起来充满仇恨。那些尤为突出的想象之物，正是这些下等人的煽动者。

此外，那最无足挂齿的反感，不管它是针对人还是针对事，如果我们一味惦记着它，用强烈的色彩来大肆渲染它，那么这种情绪就会膨胀成一个怪兽，对此我们无计可施。对于所有不快的情绪，我们倒不如平实地、理智地去理解它们，这样我们才有可能会容易去接受它。

一个小东西，一旦它靠近我们的眼睛，我们的视野就会受到限制，世界就会被遮蔽。同样，最靠近我们周围的人和事，即使它们看起来毫无意义，与我们漠不相关，一旦它们令人不快地吸引了我们的注意力，闯到我们的头脑中，那么，我们原先重要的思想和事情就会被排除在外了。所以，人们务必抵制这些小事。

十四

假如看到我们所没有的东西，我们心里就很容易冒出这样的想法："如果这东西是我的，那该有多好啊！"这东西就让我们感到有所欠缺了。实际上，我们倒不如经常这样想："如果这东西不是我的，那会怎么样呢？"我的意思是，我们有时候应该想象一下，在失去我们所拥有的东西之后，我们怎样看待它们，就像它们重新出现在我们眼前一样。诚然，很多东西都是如此：财富、健康、朋友、爱人、妻子、孩子、马和狗，因为我们往往在失去某种东西之后，才懂得它的价值。

如果我们能够按照这忠告来看待事情，那么，首先，我们就会因我们所拥有的东西，直接感受到更多的幸福；其次，我们会想方设法来预防损失和不幸，也就是，不要使我们的钱财遭受危险，不要惹恼我们的朋友，不要让妻子的忠诚受到蛊惑，照看孩子的身体健康，等等。

我们常常为了照亮以往生活中的昏暗，就去思考一些有利的可能性，冒出多种多样的缥缈的希望。但是，这些想法每个都孕育着失望，当这些想法一旦与残酷的现实有了碰撞，它们也就难觅踪影。

毋宁说，当我们在计划的时候，我们应该多加考虑那些糟糕的情况，一方面，当计划无法实现，出现不利的后果时，我们有补救措施可以抵御；另一方面，当不利情况并未发生时，我们就感到莫大惊喜。我们难道不总是在经历一阵担惊受怕之后，明显变得更有精神了吗？诚然，偶尔想想我们可能会遭受到一些巨大的不幸，这不是坏事。为了能够让人承受现实中后来发生的许多微小的不幸，我们要考虑每一个巨大的尚未发生的不幸，这才让我们在生活中有所安慰。但是，在谨遵这条规则时，我们不要对前面那条规则掉以轻心。

十五

因为与我们有关的业务或者琐事是各自独立的，如果没有按照次序和联系来看，它们就会呈现出林林总总的对比，唯一的共同点就是：它们是我们的事情。

所以，为了让这些事情分门别类地得到解决，我们必须在考虑、料理它们的时候，做到恰到好处、干净利落。

因此，当我们打算做一件事情的时候，为了一心一意为它操心、快乐、担忧，那么所有其他事情就变得无所谓了，我们就不要再考虑它们了，把它们搁置一边。就好像我们必须有我们思想的小抽屉，当我们打开其中一个抽屉的同时，所有其他抽屉是关着的。借此，我们在为一件沉重艰难的事情而操劳的时候，也不会失去眼前的每个乐趣，我们的安宁也不会因此而被剥夺掉。在考虑一件事情时，我们就不会张冠李戴去想其他事情。我们在盘算重大事务时，也不会忽视其他细小的事情。一个人如果拥有深刻而高尚的思想，那么，他尤其不应该让自己的精神完全被私人琐事和低级烦恼所占据，满脑子都是这些事情，而把自己的思想打入冷宫。因为他这样做的话，无疑是"为了活命，就毁掉生活的目标"。

诚然，为了让我们能够做到收放自如，就像做许多其他事情一样，我们就要自我约束。为此，我们必须深刻认识到，每个人必须忍受来自外界的许多巨大的束缚，没有了这些，生活就不是生活了。对自己的微小但恰如其分的约束，会帮助我们不受许多外界的束缚。

这就如同两个同心圆，小圆圈比大圆圈更靠近它们的圆心，后者经常比前者大一百倍。没有什么东西能够像自我约束那样，帮助我们摆脱来自外界的限制。塞涅卡有一句名言："假如你想让一切都听命于你，那么你就自己听命于理性吧。"

我们还可以将自我约束一直控制在我们的能力之内；在万不得已的情况下，或者当这种自我约束触及我们最敏感的地方时，我们可以适当减轻它。相反，外部束缚不会顾及个人的感受，也不会爱惜个人本身，它是冷酷无情的。因此，加强自我约束，规避外部束缚，是一个明智之举。

十六

为我们的期望确定一个目标，给我们的恳望套上马勒，驯服我们的愤怒，始终记住：在世界上所有令人艳羡的东西中，一个人只会得到微乎其微的部分；反之，每个人必然会遭受许多灾祸。也就是说，"断念和忍受"这条原则，如果我们不遵守它，我们就会感到贫乏空虚，纵然是财富和权力也难以遣怀。为此，贺拉斯说道：

在你的所作所为中，要始终阅读、请教智者：
如何才能让此生过得无忧无虑，
免受对无用之物的永恒贪念、
顾虑和期望所带来的折磨。

十七

亚里士多德说过："生命在于运动。"这是家喻户晓的道理。同理，我们只有不停地运动，我们的肉体生命才能存在；我们内在的精神生命也要求一个长期的活动，去做或者去想某些事情。人们如果无所事事、头脑简单，他们就会用手或者某个工具来敲敲打打，这就是一个很好的例子。我们的生存毕竟是生生不息的，因此，一旦我们完全无事可做而招致可怕的空虚，我们会立刻难以忍受。那么，为了获得合理的，因而也是一个更好的满足，我们需要调节这种活动的冲动。因此，一个人从事某样活动，借此可以做出什么东西，或者至少学到某些道理，这对他的幸福而言是必不可缺少的。因为他可以按照自己的需要发挥自己的能力，并且对此的成果有所期待。

就此看来，当我们去做、去完成某样东西的时候，不管这个东西是一个篮子还是一本书，这都会给我们带来巨大的成就感。当我们看到一个作品日渐一日地在我们手中诞生，并最终完成时，我们直接获得幸福。这可以是创作一件艺术品、一本书，甚至只是一个手工艺品。当然，我们所创作的作品越高级，我们的喜悦也就越巨大。

那些天赋优异的人，会意识到自己的能力可以造就意义深刻、和谐统一的伟大作品，在这方面，他们是最幸福的。因为在他们的作品中，人们可以发现，他们整个生命中具有一种高级爱好，这种爱好使他们享有一种常人常常没有的趣味。因此，与之相比，常人的生命是枯燥乏味的。

对这些才智超群的人而言，生命和世界除了所有平庸、物质的东西之外，还具有一种更高的、形式上的趣味，因为这种趣味包括了作品的素材。只要个人的困境允许他们有一丝喘息的机会，他们为此就用毕生的时间，孜孜不倦地去搜集这些素材。

此外，他们的智力让他们有双重身份：一方面，他们像所有其他人一样，处理日常生活中的各种关系（意志的事务）；另一方面，他们要去完全客观地理解事物。所以，他们有两种生活：同时是观众和演员；而常人仅仅是演员而已。

每个人都按照自己的能力来从事某件事情。没有正经的事务，不做什么工作，对我们显然没什么好处。这点我们可以从一个人外出长途旅行中看出来，这时候，这个人就不怎么感到快活。因为他没有什么值得去做的事，好像简直被逼得六神无主一样。

我们努力劳作，与困难搏斗，才会感受到乐趣，犹如鼹鼠打洞。长期太过沉浸于享乐，会使我们感觉生活无忧无虑，于是我们活得死气沉沉，乃至无法忍受。

一个人克服了困难，那他就感受到了生命的乐趣；这些困难可能是物质性的，比如做生意和打猎，也可以是精神性的，比如学习和研究。

与困难做斗争，并最终战胜它们，他就获得莫大的快乐。如果他没有这样的机会，那么他就要按照自己的能力把它创造出来。为了结束那不堪忍受的沉闷，他会根据自己的个性，可能去打猎，也可能玩棒接球；或者，他被自己的本性中无意识的东西所引诱，试图做出改变，可能酝酿什么阴谋，也可能参与各种坑蒙拐骗的事情，"一个人在闲暇时很难安宁"。

十八

人们不应该把想象的图景作为他们行动的指路灯，而要选择清晰认识了的概念。但是，情况往往恰好相反。因为人们只需仔细考察就发现，我们的决定的最终形成，通常不是出于我们的概念和判断，而是出于想象的图景，它代表了我们两种选择中的一种。

我记不清是谁的小说中，可能是伏尔泰或者狄德罗的小说，里面的男主角是一个青年，像赫拉克利斯一样站在十字路口那里。美德则装扮成他那老迈的家庭教师的形象，左手拿着一个烟盒，右手拿着一小撮烟丝，嘴里唠唠叨叨的。他母亲的侍嫁婢女相反是恶习的化身。在青年时代，我们幸福的目标会特别固定在一些图景之上，在我们的半辈子中，这些图景经常浮现在我们的眼前，甚至我们终其一生都无法放下它们。它们实际上是戏弄我们的幽灵，因为当我们触碰它们时，它们顷刻间化为乌有。我们所得的经验，就是它们根本没有办法履行它们的许诺。

这种图景，我们经常在一些场合中见到，比如家庭生活、市民生活、社会生活、国家事务，还有寓所、环境、荣誉标记、敬重的图像，如此等等。"每个笨蛋都有自己的帽子。"爱人的形象也不例外。这些图景浮现在我们脑海中是很自然的事情，因为它们触手可及，与概念相比，它们是直接影响我们的意志的。所以，这些图景的作用是生动形象的。而概念是抽象的思想，只会给出普遍的东西，没有具体的、富含现实性的对象，只能间接地作用于我们的意志。但是，这些图景只能被概念（语词）所把握，因此，我们在教育中只能信赖概念。当然，有时教育也需要一些图像来进行说明和解释，但也就需要那么一点。

十九

上述规则可以归入下面更普遍的规则之下：我们要随时驾驭好当下的印象和一般的直观认识。这些印象和直观认识，与纯粹的思想和意识格格不入，无法把握它们本身就很少的实质和内容。但是，它们的形式——直观性和直接性——可以直接侵入心灵之中，扰乱心灵的安宁，或者阻挠心灵的决定。因为现存的直观东西之印象是一目了然的，它每次总要不遗余力地发挥作用。

与此相反，思想和说理需要时间和安宁，它们是人们循序渐进地进行研究的结果，因此我们不可能在当下片刻间得到它们。所以，虽然我们经过慎重考虑之后，已经放弃了一个令人愉悦的东西，但是一看到这个东西，我们还是被它所诱惑。

我们的判断力就是如此脆弱，但我们却无法彻底认识到它的无能：尽管我们已经认识到一个冒犯之举的卑鄙下流，但是我们还是会被它所激怒；尽管我们已经认识到危险存在的十个理由，但是我们还是被危险的假象所蛊惑；等等。所有这些情况，都说明了我们生命中始终在起作用的根本的非理性方面。女人对这类印象经常一筹莫展，也极少有男人能够具备这种理性的优势，更无法让自己不屈从于印象的迷惑。

既然我们通过纯粹思想，无法完全战胜某个印象的作用，那么，最好的办法就是借助与之相反的印象来对之中和。比如，我们感觉自己受到别人冒犯之后，我们可以和那些对我们赞赏有加的人在一起。

要想对付头脑中一个危险的威吓，可以借助想象划界危机的方法。在《新章》（第一部第二章）中，莱布尼茨谈到了一个意大利人，他就是运用这种方法来忍受严刑拷打之痛的。当他被折磨得死去活来时，他不断想象着绞刑架的图像。因为如果他坦白的话，那他唯有死路一条了。所以，他老是在喊着："我看到你了！"这是他事后才解释的。

正因为如此，我们发现坚持己见是相当困难的。当我们周围的人与我们意见相左，并自行其是时，尽管我们深信他们是错的，但要做到不受他们所左右，那还是比较困难的。正如一个隐姓埋名、仓皇逃亡的国王，他的忠心扈从在不暴露主子身份的情况下，对他仍然恪守礼节，这对国王而言几乎是一个绝对必要的鼓励了。借此，国王才最终不会也怀疑自己的身份。

二十

我已经在第二章中强调：健康的价值弥足珍贵，它对我们的幸福而言是第一位的，也是最重要的；在这里，我要讲讲保持和巩固健康的一些概括性的行为原则。

只要我们健康无恙，我们不仅可以让整个身体，也可以让某些器官，适当承受劳顿和负担，使自己得到锻炼，从而抵制各种各样的不利影响。相反，一旦我们感觉整个身体或者某个部位不妙，那么我们就要懂得采取相反的措施，用所有办法来爱护、休养患病的身体；因为患者是没有能力再进行锻炼的。

加强运用肌肉可以使肌肉变得强壮，但神经过度紧张则会变得脆弱。因此，我们可以进行适当的劳动，来锻炼自己的肌肉；相反，要谨防神经太过劳累。同样，我们要避免眼睛受到太强烈的光线的刺激，特别是反射光；不要在黑暗中使用眼睛，以免加重它们的负担；也不要长时间盯着太小的东西。同理，我们要谨防让耳朵听到太强的噪声。

尤为注意的是，大脑不要持续进行高强度的思考活动。因此，当我们的肠胃在消化食物时，应该让大脑得到休息。因为原本在大脑中孕育思想的生命力，此刻正在五脏六腑中紧张劳作，准备食糜和乳糜。同样地，我们在进行大量剧烈运动的时候，或者运动之后，也要让大脑得以休息。因为运动神经的运作和感觉神经是一样的。比如，我们受伤时，四肢会感到痛苦，而痛苦的位置其实是在大脑中。所以，实际上也不是我们的手脚在工作和走路，而是我们的大脑。因为大脑中负责工作和走路的部分，会通过延长神经和脊髓，刺激四肢的神经，使四肢得以运动。据此，我们的四肢所感受到的疲乏，其真正的源头也是在大脑那里。

所以，肌肉只有在它的运动是随意的，亦即听从大脑指挥时，它才会感到疲倦；相反，非随意运作的器官，例如心脏，就不会这样。很明显，如果我们强迫自己同时进行剧烈的体力活动和紧张的脑力活动，或者强行让这两种活动紧挨着进行，那么，我们的大脑就会受到伤害。

◆ 人生的智慧 ◆

The Wisdom of Life

  但以上所说的并未和这一点相矛盾：我们刚开始散步时，或者短暂不幸之后，经常会感到精神活动的兴奋。因为一方面，此时并未出现大脑中支配四肢的部分的疲劳；另一方面这种轻松的体力活动，以及由此带来的呼吸的增多，促使动脉中的血液把更多氧气供应给大脑。

  不过，尤为重要的是，我们必须保证足够的睡眠，以便大脑可以得到必要的休息。因为睡眠对于人的意义，恰如发条对钟表的作用（《作为意志和表象的世界》第二部分第十九章）。我们的大脑越发达，精神活动越多，那么我们所需的睡眠就越多。但是，超过了这个限度，那就只是在虚度光阴而已，因为睡眠的意图在漫长时间中磨灭掉了（《作为意志和表象的世界》第二篇第十九章）。①

  一般而言，我们可能知道，我们的思维活动只不过是大脑的一种有机机能，因此，在劳作和休息方面，它与其他有机活动类似。就像过度使用眼睛，就会使眼睛受损，我们的大脑也是如此。大脑进行思考，正如肠胃进行消化，这种说法当然是正确的。

  有一个错误的观点，认为人的心灵是非物质的、简单的，它仅仅寓居在大脑之中，对外界一无所求，可以一味进

---

  ① 睡眠就是我们向死亡预借的一小段死亡过程，在此期间，白天所消耗的生命力又得以维持和更新。"睡眠就是预借死亡。"为了延续我们的生命，我们就向死亡借来时间。也可以说，睡眠就是死亡的临时利息，而死亡甚至会偿还全部贷款。如果利息按时足额缴纳，死亡就会迟些时日被征收。

行根本的思考，所以它永不知疲倦。

这种想法无疑会诱使人们利用自己的精神能力，去犯无意义的错误，并变得迟钝起来。例如，腓特烈大帝有一次尝试完全戒除睡眠。

哲学教授万不可手持宗教问答手册，以老妇人的模式，编排一些符合教义的哲学，为那种错误煽风点火。

为了处理好精神活动中的问题，爱惜、挖掘精神能力，我们应该习惯于将精神能力完全视为生理机能，并且还要注意到，我们身体上的磨难、病患和紊乱，无法发生在哪个部位，它们都会影响到精神。阅读卡巴尼斯的《论人的生理和道德之间的关系》，最能让我们领会到这个道理。

有很多伟大的思想家和学者，他们年老之后就智力衰退，幼稚可笑，甚至精神错乱，究其原因，无外乎是忽视了我在这里所给的忠告。19世纪最有名的英国诗人，比如司各特、华兹华斯、骚塞等，他们到了晚年，甚至在六十多岁，就已经变得精神迟钝无能，更有甚者变成老年痴呆。毫无疑问，对此的合理解释是，他们无法抵挡高额稿酬的诱惑，把写作当成了一门生计，也就是为了赚钱而写作。这引诱他们违背生理自然，付出艰苦的努力。

◆ 人生的智慧 ◆

The Wisdom of Life

　　谁给自己的伯加索斯①套上枷锁，用鞭子驱赶自己的缪斯，那么他就像强迫维纳斯②去提供性服务的人一样，会遭受相同的惩罚。我怀疑，甚至于康德，在最终成名以后，由于其生命的最后几年中工作过了头，他生命最后四年变成他的第二个童年。

　　一年中的每个月，对我们的健康和一般身体状况，甚至对我们的精神状况，都有一种奇特而直接的影响，也就是说，我们每个人自身总会随天气的变化而变化。

◘ 我们对他人的态度

二十一

　　为了在这个世界上生存下去，我们就要具备一些先见之

---

　　① 伯加索斯，是希腊神话中最具奇幻色彩的生物之一，为美杜莎和海神波塞冬所生的马神。相传这匹飞马在赫利孔山上经过时，踩出了西博客里尼灵感泉，诗人饮之可获得灵感，因此这匹马也被视为文艺女神缪斯的标志。——译者

　　② 维纳斯，在古希腊神话中叫阿佛洛狄忒，是爱与美的女神，奥林匹斯十二主神之一。在罗马神话中被称为维纳斯。维纳斯不只是性爱女神，也是主管人类一切爱情的女神。她生于海中浪花，拥有白瓷般的肌肤，金发碧眼，婀娜多姿，相貌出众。她象征爱情与女性的美丽，被认为是优雅和迷人的结合，所有她的行为和语言都可视为典范。她是锻冶工匠之神赫淮斯托斯的妻子，但经常对丈夫不忠，故无法代表女性的贞洁。——译者

明和容人之量，方可合乎我们谋求幸福的目标。有了先见之明，我们才能避免受到伤害和损失；有了容人之量，我们才会避免争讼吵闹。

谁要是不得不在人群里讨活路，谁就绝对不可抛弃任何一个人，只要这个人是被自然所设定和给予的，纵然这个人是最卑劣、最无耻、最可笑的人。他倒不如把这个人视为不可改变的人，遵循着永恒的、形而上的原则，他必须是现在的样子。如果他遇到糟糕的情况，他应该这样想：林子大了什么鸟都有。要是他不这样做，反倒就没道理了，就是要以生死搏斗来挑战别人了。因为一个人自己的真实个性，包括他的道德品质、认知能力、性格气质、外表容貌等，他是永远改变不了的。既然我们要将这种人批评得体无完肤，那么我们只能将他视为我们的一个死敌，势必和他一决生死。因为我们只愿意在他变成另外一个人之后，而不是那个不可改变的他，我们才会承认他生存的权利。

正因为如此，要想在人群中讨生活，我们必须让每个人保持并发挥他自己的已有个性，不管它是什么样的。我们唯一可以关心的是，根据这个人个性的风格和特质，对它加以利用。但是，既然我们无法希望这个人的改变，那么我们也就不要诅咒他。①这是箴言"自己活，也让别人活"的真义。这样解决这个难题，虽然听起来合情合理，但是做起来又不情不愿。

---

① 有些人的想法最是聪明："我不会去改变别人，我要利用他。"

◆ 人生的智慧 ◆
The Wisdom of Life

谁要是可以永远避开那些奇葩的人，那他就可被视为幸福的了。一个人要想学习别人，他就可以拿死物作为他训练耐性的对象。因为死物以其机械的和物理的必然性，顽固地违抗我们行动的意愿。这样的机会天天都有。然后，我们就可以把练就的耐性，转而运用到人身上。我们借此要习惯这样去想：别人一直以来会与我们做对，这一定是由于他们的本性所带来的必然的东西，使他们不得不这样做，这与死物运动的必然规律一致。所以，对别人的行为发怒，就跟冲一块在我们走路时滚动着的石头发脾气一样，愚蠢之极。

二十二

令人惊讶的是，我们在和人谈话时，会轻而易举地发现，人与人之间在精神和气质上要么相同，要么不同，这即使在每个细节中都可以感觉得到。人们在交谈时，哪怕只涉及一些陌生而互不相干的事情，但由于双方根本是完全不一样的人，所以，一个人所说的每一句话，多多少少都会让另一个人感到不满，有时甚至生起气来。相反，要是两个人同时感觉合得来，那双方的每一句话都得到彼此的赞同。由于他们的本性极为相近，这种赞同就迅速融合成彼此完美的和谐，两人甚至可以彼此心意相通。

由此首先解释了，为什么所有平庸的人那么深受欢迎，轻轻松松就广结同好,这是多么通情达理、惹人喜爱、善良正直的人!与此相反,一个人越是杰出,他越是不受人待见,所以他总是形单影只。要是机缘巧合,让他刚好发现一个和他意气相投的人,哪怕这个人和他的相同之处只有那么一点,他也会欣喜若狂。因为每个人展现给别人的东西,只能是他的本性。那些真正具备伟大精神的人,会像山雕一样,独自在高处筑巢。

但是接着,我们也可以发现,志同道合的人会很快走到一起,就像他们相互之间对对方有吸引力,正所谓"海内存知己,天涯若比邻"。不过,人们最经常见到的是,那些思想庸俗、资质低劣的人往往会因臭味相投就称知己。因为这些人比比皆是,而天生丽质的人可谓凤毛麟角。

比如,在一帮谋利务实的人群当中,两个货真价实的流氓会顷刻相识,他们以军队的标志做幌子,立马为了酝酿阴谋诡计而携手合作。

同样,我们可以设想,一大群思想深刻、精神丰富的人结成一个团体(当然这是不可能的事情),在其中混进两个傻蛋。在这个团体中,这两个傻蛋会惺惺相惜,马上发自内心地为遇见对方而高兴:他们终于遇见一个讲道理的人了!当两个无论是在道德上还是在理智上都低劣的人,第一眼就会认出对方,热情地向对方靠近,喜出望外地迅速迎向对方,仿佛他们早就是老相识了。人们看到这种情形,当然非常惊讶了。这种事是如此罕见,以致让我们相信,按照佛教轮回转世的观点,

◆ 人生的智慧 ◆
The Wisdom of Life

这两人前世就已经结为朋友了。

不过,哪怕两人之间有很多默契,他们也会分清彼此,甚至可能会在他们之间产生短暂的不愉快。这是因为在两人之中,当下的处境、职业、环境、身体状况、瞬间的念头是不尽相同的,导致他们当下的情绪与别人几乎一直不一样。由此看来,即使在两个最和谐的人之中,也会产生不尽如人意之处。

要解决和睦相处时存在的问题,就要始终做一些适时调整,提倡一种共同的氛围,这只有实现最高水平的教化才能做到。一旦某个客观的东西,无论它是一个险情,或者是一个希望,又或者是一个信息、一处少有的景致,又或者是一部戏剧、一段曲子等其他东西,它同时对两个人产生相似的影响时,那么就会促使社交变得丰富有趣起来,在共同的愉悦气氛中,人们会活跃地分享,真心地参与。在此,我们可以看到,保持共同情绪对一个社交非常有益。因为相同的东西会战胜所有个人的私利,营造出一个普遍和谐的氛围。

如果没有这种客观的作用,那么,通常来说就只能靠个人的作用了。所以,为了给一个聚会营造共同的氛围,喝酒就成为司空见惯的手段,甚至喝茶和喝咖啡也可以考虑。

然而,在所有聚会中,每个人短暂情绪的差异非常容易带来不和谐。也正是这种不和谐,部分地说明了为何在我们的记忆中,当我们从这种瞬息即逝的情绪的干扰中解放出来以后,保留在记忆中的每个人就被理想化了,有时候甚至几乎被我们粉饰了。记忆就如同照相机中的聚光镜一样发挥作用,它把所有东西都收纳进去,然后带来许多比原物漂亮的图像。

我们要想得到这种好处,让别人美化我们,有一个方法,那就是多和别人玩失踪。因为尽管别人的记忆会美化我们,但要完成美化的作品,需要很长时间,而美化的工作却可以立马开始。正因为如此,一个人要在一段明显长的时间间隔之后,才可以在他的熟人和好友面前出现,这才是上上之策。因为再次见面时,我们会注意到,借助记忆的美化功夫,我们在别人眼中也变好了。

二十三

没有一个人能够看到自身之外的东西。对此,我的意思是说,每个人自身是什么样,他就这样看待别人,因为他只能按照自身的理智来理解和把握别人。假如这个人是最低贱的,那么别人的精神,哪怕是最伟大的精神,对他也没有丝毫影响。他没有在精神伟大的人身上觉察到这个人的伟大,反倒是通过这个人,发现他自己的低贱,看到自己的全部弱点、情智缺陷和性格缺陷。所以,别人对于他而言是可以被拼凑起来的。别人那些优异的精神禀赋在他那里简直是不存在的,犹如颜色之于瞎子。因为一个精神匮乏的人,会对所有精神都熟视无睹。而每一个评价都是被评价的对象之价值与评价者的认知范围的结果。

由此我们可以推断，我们在和别人交谈时，就把自己降低到和他们同一个水平，因为我们所有优越于别人的东西都消失了，甚至连由此催生的自我否定都完全没有意识到。我们既然深知，大多数人的思想是多么低下，天赋是那么匮乏，都是庸俗不堪，那么我们也就明白，我们在和他们说话的同时，（根据电流分配的规律）自己也就不可能不变得庸俗起来。然后我们就深深领会"屈尊纡贵"这个词的含义。

我们甚至会喜欢回避每个社交场合，因为在社交中，我们只能按照自己本性中最卑贱的部分来和人交流。同时，我们也晓得，碰到那些蠢蛋时，我们唯有一个方法，可以让他们清清楚楚认识到我们的智力水平，那就是对他们保持沉默。诚然，人们来到一个社交场合，有时会感觉像一个专业舞者，来到一个舞池中，徒劳地高喊："谁与我共舞？"

二十四

在一百个挑选出来的人当中，假如有一个人，当他在等待什么事情时，或者在那里闲坐着，却没有立刻拿起手边的东西，比如他的手杖、餐刀、餐叉，或者其他什么东西，有节奏地敲敲打打起来，那么这个人就会赢得我的敬重。他极有可能在思考什么事情。相反，显然在很多人那里，看热闹绝对比想事情更重要。如果手头没有雪茄的话，他们就试图通过敲打发出声音，来达到让别人意识到他的存在的目的。正由于同样的道理,他们睁着眼睛、竖着耳朵,密切关注周围发生的任何事情。

二十五

罗瑟弗卡有一句话一语中的:"崇敬一个人的同时又喜爱他,是很难的事情。"因此,我们只有一个选择,要么获得别人的敬意,要么获得别人的喜爱。

别人的喜爱虽然有多种多样,但总是自私自利的。此外,我们所借以得到别人的喜爱的东西,并不会让我们感到自豪。一般而言,一个人受别人喜爱的程度,与他放低对别人的精神和心灵的要求相同。并且,他这样做必须发自肺腑,而非装模作样,也不只是为了要去容忍别人,因为宽容植根于歧视。在此,我们可以回想到,在爱尔维修的格言中不乏真知灼见:"取悦我们必不可少的思想深度是一个相当精确的尺度,它衡量我们自己所拥有的思想深度。"由这个前提我们就可以推出结论了。

但是,别人的尊重恰好是另外的情形。他的尊重可能仅仅是因为他的意志强迫他这么做,正因为这个原因,他的尊重多半是虚情假意的。由于别人的尊重和我们的价值相关,所以它能够带给我们内心更大的满足;但别人对我们的喜爱并不直接与我们的价值有联系。因为喜爱是主观的,而尊重却是客观的。然而,别人的爱戴对我们更有帮助。

二十六

大部分人是活在主观之中的,因为归根结底,他们只会关注自身的东西。所以,他们对别人说的所有东西,都能够立刻想到自己;别人随口说的每一句话,哪怕只是和他们个人沾点边,就能把他们的全部注意力吸引过去,牢牢抓住他们的魂。所以,他们对那些涉及客观事情的谈话毫无理解能力。同样,有些道理一旦和他们的兴趣和虚荣互相冲突,这些道理在他们那里就变成了无理。所以,他们的注意力容易涣散,会轻易感觉受到伤害、冒犯。

因此,当我们和这些人客观地讨论事情的时候,不管这些事情是什么,我们千万要谨而慎之,不要在谈话里面牵扯任何可能与我们眼前这位尊贵而敏感的人有关的事情,或许这些对他不利。因为他们只会把那些刺耳的话搁在心里。当他们遇到别人一些谈话中不乏远见卓识、可圈可点之处时,却置若罔闻,有眼无珠。他们那脆弱的感受,反倒会使他们注意那些伤害他弱小的虚荣心的话,虽然那些话很难和他扯上关系,或者那些话可能会说出他们宝贵的自我中某些不利的东西。他们那受伤的样子,可以和被我们无意中踩到爪子的小狗相比,然后我们就听见那些嚎叫了;也可以和那些浑身又伤又肿的病人相比,我们只好提心吊胆,尽可能地避免碰到他们。

对于一些人，情况更严重。在和别人交谈的过程中，他们的精神和智商暴露无遗，或者他们根本不擅于掩盖他们的无知，所以在别人表达一些正确的观点时，他们直接认为这是在侮辱他们，不过他们会立刻隐瞒起来。但是，那些社交新手事后只能徒劳地再三琢磨，究竟怎样做才不会成为这些人的眼中钉、肉中刺。

但是同样，要奉承这些人，赢得他们的好感也并非难事。因为他们的判断不是就事论事、合情合理的，所以他们的见识不过是剽窃别人的意见，只代表他们的政党或阶级的偏见。所有原因不外乎他们的意志远远超过了他们的认知，他们的可怜的智力只对意志俯首称臣，他们片刻也不能摆脱意志的控制。

占星术给这些人可耻的主观性提供了一个很好的证明。由于这种主观性，这些人把所有东西都硬和自己扯上关系，把每个观点径直拉到自己身上。占星术也是如此，它让人从天体的运行臆想到人类的可悲的自我，还把天空里的彗星与尘世的事务联系起来。

二十七

在大众和社交中，有人谈论一些荒谬的事情；或者在文学作品中，人们可以看到对荒唐离谱的东西的细致描写，并且它们很难被驳斥。对此，我们不应该灰心丧气，认为事情就这样结束了。相反，我们要认识到，在不久的将来，人们会审查、澄清、思考、斟酌、商议这些事情，并且通常最终会做出正确的判断，这样我们就可以得到安慰了。根据事情的难易程度，在一段时期之后，真相最后大白于天下；而明眼人当初一眼就看穿事情的实质。但是，人们同时要耐心等待。因为，一个聪明人可能有正确的认识，而其他人可能受到迷惑。

这就好比在一个城市中，塔楼大钟的指针全都调错了，只有那个聪明人的钟表走对了时间。只有这个人知道正确时间，那么谁来帮他呢？天下人都会任由那个走时错误的大钟摆布，以至于虽然那个聪明人知道，唯有他的钟表给出正确时间，但他也无可奈何。

二十八

如果我们像纵容一个孩子一样去纵容别人，那么他们就会胡作非为，所以我们不能太迁就和顺从任何人。正如在一般情况下，我们拒绝借钱给一个朋友，但不会因此而失去这个朋友；但如果我们借钱给了他，反倒很容易失去他。

同样，我们不会因为对朋友太高傲，或者对他有某些疏忽的地方，就会失去这个朋友；但对他太过友善、客气，倒是会使他变得傲慢，难以忍受，由此两人的友谊就出现裂缝了。

别人最不能忍受的想法是：他们对我们很必要。傲慢和狂妄就是与这种想法密不可分的结果。在一定程度上，一旦我们和一些人打交道稍微多一点，或者以一种信任的方式和他们谈话，他们就会变得自傲自大。很快，他们就会认为我们必须包容他们，然后，他们就会试图超出礼貌的界限。因此，适宜我们深交的人少而又少，我们尤其要避免和那些品性低劣的人结交。

但是，假如一个人坚信，与我们对他的重要性相比，他可能会对我们重要得多；那么，他就会立刻觉得我们从他那里偷走了什么东西。他就会试图报复我，并且要把他放在我们这里的东西夺回来。

在和人打交道的时候，我们的优势在于，我们对别人没有任何需求，并且让他们清楚这点。正因为如此，我们应该时不时让别人觉得，他们对我们可有可无，不管他们是男是女，这样做才是可取的，才会巩固两个人之间的友谊。

诚然，在和大部分人来往时，如果我们有时流露出一些蔑视他们的表情，那么这不会伤害到他们，他们反而会更加珍惜我们的友谊。"谁不尊敬别人，谁就得到别人的尊敬。"意大利的这句谚语说得极妙。但是，如果一个人对我们确实非常重要，那么我们应该把我们的蔑视藏起来，好像那是一个犯罪之举。这个道理当然不会让人感到舒服，但这是真的。几乎没有哪条狗可以担得起伟大的友谊，更别提人了。

二十九

一般而言，那些具备高尚品性和过人天赋的人，尤其在他们的青年时代，令人惊讶地暴露出对人情世故的无知，所以他们很容易上当受骗，或者误入歧途。而那些本性庸俗的人却很快深谙为人处世之道。原因在于，当人们缺乏经验时，不得不对事情做先天判断，并且经验通常无法与先天认识并驾齐驱。

对于平庸之辈来说，他们所具有的先天知识就是自私自利的主张；但杰出而高尚的人并非如此，因为就是先天知识使他们远远与常人迥异。因此，他们按照自身的标准，对常人的思想和行为进行批判，结果总是与现实格格不入。

然而，君子可能最终也学会了后天的知识，也就是掌握了吸收别人的教导和自己的经验，也晓得通常应该对人抱有什么样的期待。他们也知道，若非要考虑现实情况，那么他们开始就对六分之五的人避而远之，不与这些人来往，这样做会对他们自身更有帮助。因为这些人在道德上和智力上是有问题的。纵然这样，君子几乎没有一次看清那些卑鄙小人的真面目。反倒是，他们活得有多久，就要不断地去拓宽、完善对小人的认识；但是，在此期间，明枪易躲，暗箭难防，他们经常失算。

尽管是在他们确切吸取教训之后，但他们在社交场合中，仍会遇到一些不认识的人。和这些场面中人交谈时，他们会惊讶地发现,从这些人的谈吐和神色来看,他们显得非常有理性、健谈、耿直、认真、讲道德,同时又精明伶俐、见多识广。

对此,他们不应该感到困惑不解,因为道理很简单:大自然不会像蹩脚的诗人那样幼稚。这种诗人在他们的作品中描写流氓或者傻瓜的时候,笨手笨脚、斧凿明显。我们几乎觉得诗人就站在他所描写的那个人物背后,一直在否认这个人物的思想和语言,还用警觉的口吻嚷嚷:"这是一个流氓,这是一个傻瓜。不要理睬他所说的话。"

与之相反,大自然在这方面的作为犹如莎士比亚和歌德。在莎士比亚和歌德的作品中,每个人,哪怕他们是魔鬼,当他们站在那里说话时,所说的话入情入理。因为他们是如此客观地被把握,以至于我们被他们深深吸引住,身不由己地入戏。他们恰如大自然的作品,从一个内在的法则那里产生,使得他们的一举一动莫不合乎自然,因此必定会有如此模样。

所以,谁要是期望,在这个世界上,可以看见长角的魔鬼和身挂铃铛的傻瓜,那谁就总会变成他们的猎物和玩物。此外,人与人打交道时,就像月亮和驼子一样,总是只露出一面而已。实际上,每个人都有一套玩戏剧的法子,给自己的脸戴上面具,这样他就看起来像他真正想做的那个样子。由于这副面具是根据这个人的个性量身定做的,那副面具戴在他脸上非常合适,就像长在他脸上一样,所以迷惑别人时万无一失。要是他奉承别人,他就戴上这副面具。我们应该把面具视为防水布,其作用不过如此。要牢记意大利的一句精彩的格言:"没

◆ 人生的智慧 ◆

The Wisdom of Life

有哪条狗虽然坏，但是不会摇尾巴的。"

无论如何，对某个新近结识的人，我们不要评价过高。否则，在绝大多数情况下，我们就会蒙受耻辱，甚至遭到伤害，备感绝望。对此，值得注意的是，"从小事上，我们就可以得知一个人的性格特征。"

（塞涅卡）一个人会对细枝末节的东西不留神，但这些细枝末节显露了他的性格。从一个人细小的行为、纯粹的习惯上，我们通常可以轻而易举地观察到，这个人具有无限的、毫不为别人着想的自我中心主义。这种人日后摊上了大事，即使他把自己隐藏起来，也不会真否定自己。然而，我们对这种情况疏于防范。

在日常生活中，一个人会遇到一些小事和处境，这些其实属于"法律不管琐事"的范围。他在应付这些鸡毛蒜皮的事情时毫无顾忌，专门利己，为自己谋求好处和便利；毫不利他，总是寻人短处。如果他把公众的东西也据为己有，那么，我们可以认定，在他心中毫无公平正义可言。一旦法律和权力对他束手无策，他甚至极有可能变成一个恶棍。我们不可信任他，以免引狼入室。诚然，一个人如果会厚颜无耻地破坏自己圈子的规矩，那么同样，在他认为没有危险的时候，他也会触犯国家的法律。[1]

---

[1] 假若在一个人身上，一如他的惯常作为，好品质远胜坏习气，那么，人们宁愿相信他会秉承公义，善于思考，富有爱心和同情心，而不是令人惧怕。但是，假使他恰恰并非如此，就另当别论了。

Chapter05 | 建议和格言

有一个人，他和我们有联系，或者就在我们的圈子中。如果这个人表现得令我们不快，或者很气人，那么我们就要问我们自己：他是否对我们非常重要，以至于虽然这些行为一再地发生，但我们却对之一忍再忍（原谅和遗忘的意思是把昂贵的经验弃而不顾）？如果答案是肯定的，那么无需赘言，因为赘言无益。因此，我们必须对他软言相劝，或者软言无劝，对此事放任自流。但是，我们也要晓得，他会变本加厉地找我们麻烦。相反，如果答案是否定的，那么干脆利落地与这位尊贵的朋友绝交；要是这个人是个佣人，那就立刻把他（她）辞退了。因为尽管对方竭力向我们保证，他真心不再做这样的事，但是，我们要知道，如果同一情况再次发生，他依然不可避免地做出同样的事情，或者完全类似的事情来。

一个人可以忘掉一切的一切，但是他绝不会忘掉他自己的本质。因为性格是非常难以改变的。人们所有的行为都会遵循一个内在的法则，这个法则使他在相同的处境之下，必然会采取相同的行动，丝毫没有改变。人们如果读了我的获奖论文《关于所谓的意志的自由》，就会摆脱疑惑。

同样，和一个我们已经与之断交的朋友言归于好，这是一种软弱之举。我们将为软弱付出代价，因为一旦机会再来，那个朋友会分毫不差地做出原先导致两人反目的事情来。当然，这回他做得更加厚颜无耻，因为他已经暗地里认定他对我们是必不可少的了。那被我们重新雇用的用人，也会是这种情况。

出于同一个道理，我们也不要太指望，在变化的环境中，一个人仍然会像先前一样，做出相同的事情来。毋宁说，人们的想法和做法变得非常快，就像他的兴趣一样。诚然，他们的意图就是因目光短浅而开出的票据；而如果我们不想抗议这种行为的话，我们甚至必须变得更加鼠目寸光。

因此，假定我们想要知道，一个人如果在我们所给他设想的情形之下，他会怎么行事，我们可千万不要听信他的承诺和保证。因为，假设他所说属实，但是对于他所谈论的事情，他其实一无所知。所以，我们必须独立考察他必然会现身其中的具体情况，以及他的性格与这一情况相互冲突的东西，才能考虑他的行事。

对于大多数人而言，他们的真实素质极为可悲，有必要对之有一个清楚、根本的认识。利用文学著作中对这些人的言行举止的描述，为实际生活中人的言行举止做注解，这绝对是大有教益的；反之亦然。由此得来的认识，既不会认错自己，也不会认错他人，大有裨益。

然而，在生活中或文学中碰到的背信弃义和愚不可及之举，我们犯不着为它们大动肝火。我们只要把它们作为认识的材料即可，因为它们帮助我们对人类的性格有了新的看法，并将此牢记在心。然后我们对它们的态度，就像一位矿物学家偶然中发现一种非常特别的矿石，几乎没什么不一样。

当然，也有大多难以捉摸的例外情况，人性的差别就非常巨大。总体而言，就像我早已说过的，世界是邪恶的。在野蛮人那里，是人吃人；在文明人那里，则是人骗人，我们称之为世道。为什么国家会以各种人为的方式，设定各种外交和内政机构及其权力手段，作为抵制人类无限的非正义的藩篱？难道我们没有看到，在整个历史中，每个国王一旦大权在握，国家略有太平气象，就会利用这些，大举动兵，像一伙强盗，侵入邻国，烧杀抢掠？难道所有战争不是强盗行径？

古代早期有点像中世纪，那时，战败者沦为奴隶，换句话说，他们要为战胜者效劳。但是，那些缴纳占领军军费的人也必须为战胜者效力：他们献出了以前工作所得的收益。伏尔泰说过："所有战争都只是为了盗窃。"德国人应该将此铭记在心。

三十

没有一个人能够独立过活，按照自己的方式处事。每个人都需要得到一定的观念和规则的指导。但是，如果我们想在此基础上走得更远，也就是说，不只是局限在源自我们天赋本性的性格，而要培养一个纯粹出自理性思考的性格，它实际上完全是习得的、人为的；那么，不久我们却会发现：哪怕用干草杈把本性赶跑，但它还是要回来的。

对于一条与人相处应该遵守的规则，我们很容易理解，甚至能够把它发掘出来，并会明确地把它表达出来。但是，在实际生活中,我们很快就触犯它。诚然,我们不应该因此而气馁,并认为在人世中,按照抽象的条条框框来为人处世,这是不可能的,乃至认为放任自流最好。与之相反,就像所有为了指导实践的理论规章制度一样,理解规则是第一位的,落实规则才是第二位的。

借助理性我们才能获得理论,但要落实理论则要循序渐进。我们要是让初学者只看乐谱来弹奏乐器,只在纸上教他防敌和攻击,那么,不管他有多大的决心,他很快就会连连犯错。然后,他就会想,按照乐谱的速度,或者在击剑的兴头,遵守纸上的规则肯定是不可能的。不过,他会在练习中,历经犯错、失败和反击后,才慢慢学有所成。这正如在学习读写、听说拉丁文中,我们要将语法规则融会贯通。

其他情况概莫能外:蠢货终变弄臣,急性子可为老油条,坦率的会遁形,高贵的会嘲讽。但是,这种经过,总是需要外来的强力来煽阵风,点把火。同时,本性从未停止过对抗,有时它竟然出乎意外地冲破重围。因为所有遵守抽象规则的行为,与出自原始的、天生的本性相比,其间的差别,就如同人类的工艺品(例如钟表,其形式和运动是被与之异质的材料强迫接受的)和活生生的有机体之间的差别。而有机体的形式和材料是完美融合在一起的。

对于习得的性格和天生的性格之间的关系,拿破仑皇帝有一句格言为证:"一切非自然的东西都是不完美的。"在通常情况下,这条规则在各个方面都是有效的,不管是在物理方面还是在道德方面。我所能想到的唯一特例就是天然砂金石，矿物学家也认得它，它远不如人造砂金石。

在这个问题上，我要向人们告诫所有林林总总的做作之举。做作总会招引别人的鄙视。首先，做作即是欺诈，欺诈就是胆怯，而胆怯源于恐惧；其次，惯于欺诈的人是对自己的谴责和诅咒，因为我们想要表现出我们所不是的样子，装出更好的行径。

伪装某一品性，并以此自鸣得意，其实就是在承认，自己并未拥有它。不管一个人吹嘘他自己有勇气、学问、精神、智慧，或者有幸得到美女、财富、地位等，我们只会从中得出一个结论：他所吹嘘的东西，正是他所欠缺的东西。因为谁要是真正拥有某个完美品性，他不会想到拿它来招摇过市，相反，他只会不事张扬地心满意足。

这也就是西班牙谚语"掉了一颗钉子的马蹄铁会发出咯咯声"的奥妙。当然，就像开头所说的那样，没有一个人可以无条件地放任自流，完全把自己的本性表现出来。因为我们本性中的很多卑劣和兽性要掩盖起来。但这只能为我们隐藏自身否定的素质辩解，却不是伪装自身具备肯定素质的借口。

我们也应该知道，甚至早在一个人装腔作势之前，人们就已经看穿他在装模作样了。即使过一段时间之后，他的真面目没有被揭穿，他的面具也会自行掉下来。"没有一个人可以长时间戴着面具，人们很快就从伪装恢复到自己的本性。"（塞涅卡）

三十一

正如我们背负自己沉重的肉身时,我们对此毫无所觉,但在搬动别人的肉身时,却感受到了重量;同样,我们不会察觉自己的错误和陋习,却只会盯着别人的缺点。因为每个人都是别人的一面镜子,在镜子中,他可以对自己本身的各种鄙陋、缺点、习气和龌龊一览无余。

不过,大多数人在这方面表现得像一条狗,对着镜子狂吠,因为它不知道,镜子中的狗本来就是它自己,反而以为那是另外一条狗。对别人吹毛求疵的人,其实是在改进自己。因此,暗中留意、尖锐指责别人的外在行为,对别人的作为或不作为说三道四,有这些倾向和习惯的人,其实是借此来进行自我改进和完善。因为他要么秉承正义,要么非常高傲、虚荣,以免自己去做他常常严厉斥责的事情。

对于那些宽容别人的人,则是另外一种情况:"我们请求获得自由,同样也会把它给予别人。"《圣经》说,只见别人身上刺,不见自己眼中梁,这是极为精彩的劝诫。然而,眼睛的本质是只向外看,却不能看自己。所以,为了觉察到自己的过错,留意并指摘别人的过失,是一个非常合适的方法。为了自身的改善,我们需要这一面镜子。

至于写作时的风格和文笔,这条规则也同样适用:对于文章的笨拙新风叹为观止,而非秉笔直言,那么这种笨拙新风就会被模仿。如此一来，在德国，此类新风席卷文坛。原因无他，就是因为德国人是很会克制的，是人都知道。他们以此为金科玉律："我们请求获得自由，同样也会把它给予别人。"

三十二

高贵的人，在他年轻时会相信，在人和人之间，根本的、确定的关系，以及由此所产生的联结，是理想的，也就是说，它们是以此为基础的：人类之间在意识、思想方法、品位、精神能力等之上的相似。

不过，他后来意识到，人际关系是现实的，换言之，它取决于某种物质性的利益。利益几乎是所有联结的基础，普罗大众甚至不知道除此之外还有什么别的关系。结果，人们只会按照每个人的职位，或者生意，或者民族，或者家庭，亦即通常只会按照集体所分配给一个人的工作和角色，来看待他。据此，他也就被分门别类，大量复制。相反，他的本性和他的真实追求，这些使他成为一个活生生的人的东西，则是无所谓的了。

当人们发现这个人本身还有点利用价值时，那么这个人偶尔成为人们嘴边的谈资；但通常情况下，他只有靠边站的份，人们视他如同无物。一个人自身拥有的东西越多，他从世俗的安排中所得的兴趣就越少，所以他就想要摆脱这些束缚。世俗的这种安排是基于这样的现实：在这个困苦和匮乏的世界中，对付贫困的办法，无论在哪个地方，都是最重要的，因此，也是压倒一切的。

三十三

正如市面上流通的是货币而非白银，同样，在这个世界上通行的，不是真正的尊重和友情，而是外在的表演和装得尽可能自然的尊重和友善的表情。但是，另一方面，我们也不妨自问：是否真有值得我们尊重和与之结交的人呢？不管怎样，与那上百种假心假意相比，我更相信一条忠实的狗儿的摇尾乞怜。

对朋友的幸福和痛苦，抱有一种纯粹客观、完全无私的深深同情，是真正可靠的友谊的前提，这种同情将朋友视为一个真实的自我。人类的自我中心主义则与之背道而驰，所以，真实的友谊纯属那种像庞大海怪的东西，没有人知道，它到底是神话中的浪漫幻想，还是存在于某个不为人知的地方。在此期间，人和人之间的联系，其基石主要是隐秘的自私动因。不过，这些自私动因中掺杂着些许真实可靠的友谊，借此，在这个娑婆世间，人的动机就变得高尚起来，有理由将自己命名为别人的朋友，存活于世。它高高耸立于世间的泛泛之交。当我们听到，在我们不在场时，我们的大多数老相识是如何谈论我们的,我们也就对他们无话可说了,泛泛之交倒不如说就是这样的老相识。

检验一个朋友的忠诚,我们可以借此得知:除了我们可以从他那得到真心的帮助,必要时要他做出显著牺牲之外,最好的时机就是,我们向他告知我们刚好遭到一个不幸的时候。然后,在他的脸上,要么表现出真实、衷心、纯粹的悲伤;要么镇定自如地去核实此事,或者闪过一种异样的神情。洛舍福柯尔德对此有一句著名的格言:"在我们最好的朋友的不幸中,我们总会找到让我们高兴之处。"一个普通的所谓的朋友,在这个时候,往往难掩脸上涌出的一个轻微而欢快的微笑。当我们告诉别人,我们刚刚遭受一个巨大的不幸,或者毫无隐瞒地向别人述说自己某个弱点时,没有什么比这更令他们高兴的了。人性啊,人性!

遥远相隔,长久不见,对每份友谊都不利,不管我们是多么不愿意去承认。因为,有些人可能是我们最喜欢的朋友,我们却无法见到,于是在岁月的长河中,他们的模样逐渐风干成抽象的概念。因此,我们对他们的关注只是理性的,甚至只是习惯性的。我们只会对眼前的事物,保持强烈的、深切的关注,哪怕它只是我们的宠物而已。人的本性就是如此感性。所以,在这里可以以歌德的格言为证:

"当下"是一个有权柄的女神。

——《托尔夸托·塔索》第四幕第四场

"家庭常客"一词说得相当准确，因为这种朋友是属于主人的家庭的，而非属于家庭的主人的；因此他们更像猫，而不像狗。

朋友自称坦率真诚，其实敌人才会如此。因此，我们应该把敌人的谴责视为苦口良药，用来进行自我认识。

患难之交真的相当罕见吗？并非如此！一旦我们和一个人结为朋友，他就已经处在患难之中，就让我们以钱来交了。

三十四

一个人，如果他幻想通过展现自己的精神和智力，可以在和人交往中讨人喜欢，那么他就是乳臭未干的愣头青！毋宁说，对于数不胜数的大众而言，一个人展现才智，只会激起人们的仇恨和嫉妒。带着这种怨恨的人，找不出理由来抱怨，他们甚至还要把这股怒火强压下去，结果，这股怒火把他们的心烧得又酸又苦。

事情的缘由是这样的：如果一个人和别人交谈时，他发觉并感受到对方的强大的精神优势，那么，这个人就在无意识中形成这样的结论：别人同样也会觉察并感受到他的低劣和缺陷。这种掐头去尾的三段论推理，激起他极其痛苦的仇恨、辛酸和狂怒（参阅《作为意志和表象的世界》第二卷第十九章，里面引用了约翰逊博士和歌德的青年朋友梅尔克说过的话)。葛拉西安也说过正确的话："使自己受人欢迎的唯一法门,就是给自己披上最弱智的动物的外皮。"(《手风琴和处事的艺术》)同样,一个人展露自己的聪明才智,其实就是在拐弯抹角地指责别人的无能和迟钝。

此外,一个本性恶劣的人,一看到自己的对立面,内心就会火烧火燎起来,而嫉妒就是这场骚动的教唆者。因为,正如我们在日常生活中就可以看到的那样,这种人只有他的虚荣心得到满足,他才会感到在其他事情上所没有体会到的快乐,当然,必得把他自己和别人进行比较,这种快乐才有可能。

人所引以为傲的优势,不是别的,而是精神优势,正是由于精神,人才可以傲视群兽。[①]因此,如果把自己这方面的优势明明白白摆出来,特别是当着别人的面这样做,那么,在庸人眼里,这个人实在是太胆大包天了。结果,庸人觉得务必教训那些来犯者。通常,他不会和智者比拼智力,而是专挑意志可以派上用场的时机,来实施复仇大计。因为我们在意志方面人人一样。

所以,在社会上,精神优势绝不会被人们所期望,反倒是地位和财富受人吹捧。在有利可图的场合,精神优势受人忽视,甚至被视为一种狂妄无礼之举,或者认为精神丰富的人非法窃取这种优势,他竟敢挟精神而高视阔步了!这样,

---

[①] 我们可以说,是人把意志赋予了他自己,因为人就是意志本身;而智力则是人得之于上苍的能力,换言之,是来自永恒而神秘的运气,是他的母亲的杰作。

◆ 人生的智慧 ◆

The Wisdom of Life

每个人都暗暗盘算着，要换某一种方式来羞辱这个冒犯者，就只待时机成熟了。一个人可能谦逊无比，但是因为他聪明过人，别人几乎不会原谅他。萨迪在他的《玫瑰园》中说过："我们知道，与智者对愚人的反感相比，愚人对智者的憎恶更甚百倍。"

相反，弱智的人才会受人欢迎。因为，使一个人的身体感到温暖的东西，正如使一个人的精神感到惬意的优越性。因此，每个人本能地会靠近那拙劣的东西，只有这东西才能使他感到高人一等；正如他本能地靠近火炉和阳光一样。

所以，如果我们需要讨好别人，那么，对男人，就要让他们坚信自己比我们高明；女人则可以在美貌上做文章。在我们所遇到的一些人当中，要想对他们装弱智，可不是一件容易的事。

我们可以看到，一个相貌勉强的女孩，在走向一个非常丑的女孩时，会衷心地友好。虽然男人不会太考虑身体上的优势；但是人们还是喜欢站在矮子旁边，而站在高个子旁边时不会有好心情。所以，男人会与无知的笨男为伍，而女人会找普通的丑女做伴，这就是为什么笨男和丑女遍地都是、广受欢迎的原因。这些人很容易博得好心肠的美名；因为这样大家就可以有喜欢他们的借口，无论是为了自己还是为了别人，这都是两全其美的事。正因为如此，不论什么样精神卓越的人，都会被孤立起来。人们对他们避而远之，妒而恨之，他们的卓越精神会被当成借口，捏造成各种各样的错误。①

美貌在女人那里也有同样的下场。绝色倾城的女孩不会找到女友，甚至也没有女伴。她们最好不要申请去做陪伴贵妇的工作，因为她们一进入约见的屋子，那希望雇新手的雇主脸色就会沉下来。无论是为了她自己，还是为了她女儿，她决不能接受这种夺人眼球的衬托。

相形之下，地位优势则恰恰相反。因为地位优势并非像个人优势那样，通过对比和差距产生，而是像周围环境的色彩一样，经过反射才照在脸上。

三十五

我们之所以会相信别人，绝大多数是因为我们懒惰、自私和爱慕虚荣。懒惰，当我们为了不自己去研究、去守护、去实干，就宁愿去相信别人。自私，当我们承受不了自己的

---

① 要想在世界上占有一席之地，朋友和同事的作用不可小觑。不过，强大的能力使人骄傲，他也不习惯去奉承才能平平的人，因此他应该隐藏自己的才能，甚至不要承认它。但是，要是意识到自己平庸无能，结果却恰恰相反。这样只会使人们卑躬屈膝，迁就他人，为那些卑劣的人鞍前马后地效劳，还献上自己的敬重，所以他大受欢迎，交友广泛。

这个观点不仅适用于公务员，也对那些拥有尊贵的职位的人奏效，在研究学问的世界里当然也行得通。因此，在学院里，才能平庸的人总是高高居上，而怀才在身的人在学院的职位总是来得太晚，甚至他根本无法挤进去。

事情的压力，就诱使我们把某些事情泄露给别人。虚荣，是因为我们所泄露的事是我们沾沾自喜的事情。尽管如此，我们还是要求别人尊重我们的信任。

假如别人不相信我们，我们也不应该为此而愤怒。因为这种不信任中包含了对"诚实"的敬意，换言之，他们认为"诚实"少之又少，结果，诚实的存在就值得人们怀疑了。

三十六

礼貌被中国人视为基本美德，它有两个理由。在我的《伦理学的两个根本问题》中，已经给出了其中一个理由。另一个理由是，礼貌是我们保持沉默的不成文协议。对于彼此在道德上和智力上的缺陷，我们要互相漠视，不要添油加醋。这样，缺陷就不会露出马脚了，于是，双方的颜面就得以维护。

讲礼貌，就是放聪明；不讲礼貌，就是犯糊涂。咆哮别人是一种没必要地四处树敌之举，就像人们点火自烧家宅。因为礼貌就如筹码，是一枚明摆着的假币，吝于使用这枚假币，是弱智；相反，慷慨花掉这枚假币，是明智。在书信收尾时，所有的民族都会写上"您最忠顺的仆人"，唯独德国人把"仆人"收回——因为这当然不属实！相反，假使谁为了礼貌，就牺牲掉现实的利益，那么他就是在用真的金币支付，而不是以假币蒙人了。

就像蜡块，它又硬又脆，只需一点点温度就变弯了，可以随便做成什么样子；同样，那些执拗而怀恨在心的人，只需和他们讲礼貌，表示友好，他们就变得柔和且讨人喜欢。所以，礼貌之于人们，就像温度之于蜡块。

不过，要讲礼貌还有一个困难，因为，在大多数人并不值得我们去尊重的时候，我们讲礼貌的话，就得郑重其事地尊敬他们。然后，即使我们丝毫不把他们放在心上，我们还是得高兴起来，假装快活地融入他们。让讲礼和傲慢看起来浑然一体，那可是一门绝活。

如果我们一方面没有大肆炫耀我们的价值和尊严，端着一副不匹配的自大，另一方面，每个人心中通常对别人的态度和想法，我们都熟稔于心；那么，对于我们所遭受的无礼的冒犯，我们就不至于惊慌失措了。

大部分人对他们所受到的略含褒贬之意的指责，都会相当敏感；而当他们无意中听见他的熟人背地里议论他时，他更是五味杂陈；把这两种情况相比，真不知道他心中是什么滋味！

我们倒不如时时这样想：礼尚往来无非是会笑的面具而已。于是，当这些礼节一下子挪了位，或者偶尔被摘下来，我们也不必大呼上当。但是，当一个人极为野蛮无理时，那么，他就等于扒光所有的衣服，赤身裸体地站在别人面前。当然，就像大多数人在这种处境下一样，他看起来甚为糟糕。

三十七

在作为与不作为方面,我们绝不可以别人为模板。因为,无论是每个人所处的地位、处境,还是所拥有的关系,这些都不可相提并论;并且,由于性格和行为的差异,每个人的风格也大不相同。因此,"如果两个人做同一件事,那么他们所做的就并非同一件事了"。我们必须在深思熟虑之后,按照自己的性格行事。因此,在实际生活中,独立主张也是必不可少的,否则,我们所做的事情就会和我们自身难以相契。

三十八

我们不要斥责任何人的意见。相反,我们要知道,当一个人相信他的所有谬误时,我们就算是高寿如玛土撒拉[①],也不可能一一纠正他。

我们还要注意,在和别人交谈时,要克制去纠正别人的冲动,尽管我们这样做出于好心。因为想要伤害别人很容易;但是,想去改善别人,即使没有阻挠,那也是很困难的。

当我们在一个场合中,无意间听到一个荒谬的谈话时,

---

① 玛土撒拉,《圣经》中一个长寿的祖先,据说活到969岁。——译者

开始我们会生气,接着我们必须这么想:这可能是两个傻子的滑稽戏。这成功证明,来到世上的人,假使他想要板着脸,在最重要的事情上去训诫别人,那么,如果他能够皮肉无损地从别人眼皮子底下逃脱,他就可以说是太走运了。

三十九

如果我们想要为自己的判断找到信众,那么我们就要冷静而不带激情口吻地表达出来。因为所有的激动源于意志,因此,人们会认为那激情的论断是意志使然,而非本质上客观的认识。由于在人类身上,意志是根本性的,认识却仅仅是次要而多余的,所以人们更相信,是受刺激的意志产生判断,而不会认为,意志的刺激纯粹是因为判断所致。

四十

哪怕我们有足够的好瓜,我们也不能因蝇头小利而自卖自夸。因为虚荣常人难免,而实干超人所为,所以,我们常常扭扭捏捏,必得自我吹捧。人们就会以一百比一来打赌:我们如此自吹自擂,纯属虚荣心在作祟,认为我们的脑子缺了根筋,没有看到所说之事,实在滑稽可笑。

◆ 人生的智慧 ◆

The Wisdom of Life

无论如何，对于所有这类事情，弗兰西斯·培根所说的话不无道理："扔出去的泥巴多了，总会有一些一直粘在墙上。"这话不仅适用于中伤他人，也适合吹嘘自己，所以，适量的迷魂药还是值得推荐的。

四十一

假使我们猜疑一个人在撒谎，那么我们要佯装相信他所说的话，然后他就会更胆大妄为，编更多的谎话，最终会露出马脚来。接着，我们也会发现，如果他想隐瞒一个事实的真相，但他总有说漏嘴的时候，此时，我们对那刚刚冒出来的真相装作不相信。结果，为了反驳我们的怀疑，他就会以全部的真相做后卫来接战。

四十二

对于我们的全部私人事情，我们都要将之视为秘密，哪怕是我们的老相识，凡是并非他们亲眼看见的事情，我们也不能让他们知道一丁点儿。因为时过境迁，纵使他们只是知晓我们最无可指摘的事情，那也会给我们带来麻烦。

一般来说，要显示我们的才智，与口若悬河相比，保持

Chapter05 | 建议和格言

沉默更为稳妥。会沉默的人才聪明,耍嘴皮子的人总爱虚荣。我们常常遇到这两种情况,但我们为了逗嘴上一时之快,喜欢信口开河,放弃缄默给我们带来的长久安宁。甚至对那些活泼的人,当他们大声自言自语以舒缓心情时,我们也应该塞耳勿听,以防他们养成习惯。因为这种习惯一旦形成,思想和言谈遂成莫逆之交,渐渐地,就连我们和别人说话时,我们的思考都会带着说话的声音。而聪明则会要求我们,在思考和发言之间,要保留足够的距离。

有时,我们会想到,别人根本不会相信有关我们的某些事情;事实上,他们完全没有意识到要对此质疑。但是,我们真的做了些让他们怀疑的事情,他们就不会再相信它们了。我们经常会泄露自己的秘密,因为我们臆测,别人不可能对此警觉。就像人们站在高处晕头晕脑,臆想这里不可能站得稳,结果反而就会摔下去。因为在高处站着时,他已经感到后怕,还不如自我了断。这种幻觉就叫作恐高症。

另一方面,我们还应该记住,有些人在别的事情上并没有表露多少机智,但在打探别人私事方面,他们可称得上出色的代数学家。只要他们得到些许给定的数值,他们就可以把那盘根错节的课题给算出来。比如,当我们要告诉他们一件陈年往事时,但又想跳过所有当事人的姓名和日常关系不讲,那么我们就得提防,不要提及任何一个完全确切的私人情况,哪怕这些很琐碎,比如一个地点,或者一个时间段,或者一个配角的姓名,或者甚至与此关联甚远的事情。因为他们立刻可以根据这些给定的数据，发挥他们在代数学上的才智，把所有未给的数据一一挖出来。这些好事者的热情是如此巨大，以至于这强烈的意志激发他们最高的智力水准，使得他们不发掘出风马牛不相及的结果，誓不罢休。这些人对普遍真理并不敏感，漠不关心，但会着迷那些私人轶事。

根据所有这些，凡是教导处世智慧的大师们，都会恳切地循循善诱，告诫人们奉行沉默是金之道；因此我对所谈论的事情也可以收尾了。只是还有一些阿拉伯的格言，它们特别有说服力，但又鲜为人知。"你的敌人不应知道的事情，也不可说给你的朋友听。""如果我想要保守我的秘密，我就让它成为我的死囚；如果我失口泄露了我的秘密，我就成为它的死囚。""宁静之果挂满沉默之树。"

四十三

为我们的上当受骗埋单，这钱花得最划算。因为我们借此直接就买进了聪明。

四十四

尽管我们应该尽可能不要对别人怀恨在心，但我们应该留心每个人的一举一动，并且牢牢记住，因为，我们借此才能断定，这个人的价值至少与我们自身的价值才是半斤对八两，进而按照规则，采取相应的行动，摆出相应的谱子。我们要始终记住每个人千差万别的性格：一旦忘掉一个人的丑恶嘴脸，我们无异于将辛苦得手的钱财信手抛弃。这样，我们才能幸免于死党的愚蠢，还有朋友的弱智。

"既不去爱，也不去恨。"这句话道穿了一半的世俗智慧；"既不多嘴，也不多耳"则说破了另一半。既要奉行前面那个法门，紧跟着还要谨遵后面那条戒律，人生在世，当然就不称意了。

四十五

假使我们口中含恨，脸带怒容，那么这无济于事，既危险，又弱智，不但可笑，而且可鄙。所以，人们不要光把愤怒和仇恨摆出来吓人，而是要做出来服人。干打雷不下雨的事我们越少做，暴风骤雨就来得越猛越烈。动物冷血，才会身藏剧毒。

四十六

"说话要慢条斯理。"这一古训提醒世俗之人，要让别人用心揣摩我们说话的深意。因为庸人的脑子转得比我们慢半拍，在他们理解我们所说的话之前，我们已经说完话了。但假使说话时掷地有声，那就意味着我们向别人掏心窝子地倾诉，这样只会适得其反。对于一些人，我们甚至可以礼貌有加、郑重其事地说一些夹枪带棍的话，而且不会见刀见血。

▣ 我们对世事和命运的态度

四十七

不管人的命运以何种方式呈现，人生的要素都始终如一，因此这些要素在任何地方，在茅舍或者宫殿，在修道院或者在军队，它们都是根本性的，每个人的人生也就大同小异。尽管人生中的事务、奇遇、幸或不幸多种多样，但是它就像糖果店的糖果。糖果虽然形形色色，花样繁多，不过，它们全都是用一团生面揉捏而成。我们所耳闻的一个人经历的事情，与发生在其他人身上的事情，非常相似。我们的人生经历，犹如万花筒中的图画，我们每每把这个万花筒转一次，就可以看见不同的图画，实际上，在我们眼前的始终是同一个万花筒。

四十八

一个古人曾经说过一句非常地道的话:有三种御世之力:机智、实力和命运。我认为,运气可能是最重要的力量了。

因为我们的人生之路可以喻为一艘船的航程。运气——好运或者厄运——扮演着风的角色,我们依仗它,要么快速前行,要么远远滞后。与此同时,我们的辛劳和行动相形见绌。我们的这些努力只是扮演船桨的角色:我们接连几个小时奋力划桨,才能往前推进一段航程,但一阵逆风突如其来,就可以把我们远远地抛回去。不过,假使来的是一阵顺风,那么我们一挥桨,船就被往前推了。西班牙有一句谚语,淋漓尽致地描述运气的强大力量:"把运气交给你的儿子,然后把他抛进大海吧!"

运气也可能化身为意外事件,成为一股邪恶的力量,我们应该尽量少受它左右。在所有的赠予者中,唯有一个赠予者在把礼物给我们的同时,又明确表示,我们根本没有任何权利得到这些礼物,也没有任何自己的尊严,而只要对他的好意与恩宠感恩戴德。同时,他又让我们美滋滋地盼望,我们可以再次恭顺地接受一些不劳而获的礼物。这个赠予者是谁呢?他就是意外。他通晓帝王之术,会让我们明明白白懂得,在他的恩惠与怜悯面前,我们所有劳作都是软弱无力、无足挂齿的。

当我们回首我们的人生之路时,混乱如迷宫般的道路一览

◆ 人生的智慧 ◆

The Wisdom of Life

无余,一些错失的幸福,还有招引的不幸,也都历历在目,我们容易捶胸顿足,后悔不迭。因为我们的人生绝非我们一个人的作品,而是两个因素的产物,它们就是外部的一连串事件和我们的一系列抉择。它们既互相搏斗,又彼此纠正。结果,这两方面紧紧限制住我们的视野,因为我们本来就不能预见我们会做出什么样的抉择,更不会预知偶然事件。

我们所唯一知道的,只不过是当下要做的决定和发生的事情。所以,只要我们的目标还遥不可及,在为它而努力的航程中,我们就不可能一帆风顺,而是按照我们所推测的方向,向它缓慢驶去,因此,我们还要经常调整方向。我们力所能及的事情,就是根据目前的处境,做出抉择,期望借此能够更接近我们的主要目标。

结果,大体而言,意外事件和我们的基本目标两相背离。它们如同两种方向不同的牵引力,从中产生的对角线就成为我们的人生历程。泰伦茨曾经说过:"人生犹如掷骰子游戏,如果你掷出了你最不想要的骰子,那么,在由意外提供给你的点数面前,你必须提高玩游戏的艺术。"想必,泰伦茨所说的掷骰子游戏是类似十五骰子的一种游戏。

我们可以这样简单来说:人生如戏,命运坐庄。我在此要给出一个比喻,它恰如其分地表达我此时的意思。人生如棋,我们通盘考虑,但是处处受制于下棋的对手;在人生这个大棋盘上,这个对手始终是命运,棋势的走向,完全取决于他的喜好。我们被迫对自己的策略进行调整,在下子时又有重大变动，以至于原先的计划几乎看不见多少痕迹了。

除此之外，在我们的人生历程之中，还有某些东西是超越所有这一切的。它是一个异常复杂的事实，并且时时被验证着，那就是：我们远比我们想象中的还要愚蠢；相反，我们也比我们所认为的还要明智。只有在饱经世事之后，我们才会发现这个事实，并且，那已经是很久之后了。在我们身上，某些东西远比我们的头脑有智慧。

当我们的人生步入重大的进程，向前迈出主要步伐时，我们并非凭借对对错的清楚认识，而是根据一个内在的冲动。我们可以将之称为本能，它来自我们的本质中最深层的根基。在我们有所行动之后，根据清晰但却贫乏、后天性的因而是借来的概念，根据普遍的规则、外来的事例，来对我们的所作所为吹毛求疵。但我们却没有好好思考"水土不服"的含义，没有领悟到，外界分派给我们的东西，终究不适用于我们的全部，所以我们就容易和自己过不去。直到最后，我们才恍然大悟，谁才可以批判对错。唯有那些足够长寿的人，才有能力去评判主观和客观的事情。

或许，我们的每一个内在的冲动或本能，在我们从不记得的睡梦中醒来之时，被我们的无意识的预知能力所决定。那些梦境虽然被我们遗忘了，但是它们给我们的生命定下有节奏的调子，也带来戏剧性的统一。我们的大脑意识不可能对我们有这样的作用，因为大脑意识是如此踌躇不前、混乱不堪、朝三暮四。结果，我们在青年时代，就在内心隐秘地

人生的智慧
The Wisdom of Life

感受到，这种本能在唤起我们身上的某种巨大的能力，并努力为之效劳，恰如蜜蜂筑巢一样。对于每个人而言，冲动就是葛拉西安所说的"本能的强大的自我保护"，一旦没了它，人就如墙头草，随风倒，没了根基。

根据抽象的基本原则来行事，是非常困难的，并且在历经磨炼之后方可做到，甚至也不是一下子就有所成功。所以，循规蹈矩毕竟总是不够的。

与之相反，每个人与生俱来的基本原则既确定又具体，它们流淌在人的每一滴血液之中，因为它们是一个人全部思考、感觉和意愿的结果。

在一般情况下，我们不会抽象地看到这些具体原则，而是在回眸毕生的经历时，我们才觉察到，我们始终在这些原则之后亦步亦趋。而它们像不可见的绳子一样在牵引着我们，把我们引向幸或不幸。

四十九

对于时光的流逝，事物的变迁，我们长久以来都应该记在心里；并因此对任何现前发生的种种事情，都要立即想到它们的反面。所以，我们要在幸福中想到不幸，在友情中想到敌情，在晴天时想到阴天，在爱情中想到仇恨，在信任中想到背叛与懊悔，反之亦然。总之，我们要时刻谨记：物极必反。这种杞人忧天，才是真正世俗智慧长流不息的源泉，借此，我们才会时时刻刻如履薄冰，不会轻易受人蒙骗。我们因此才得以预计到时间的作用。

然而，我们在对事物的变幻莫测的正确评价方面，没有哪种认识会比经验更必不可少的了。因为，每种状态，在它的延续时间之内，都是必要的，因而也有其存在的全部合理性。所以，年年月月，时时日日，看上去都始终有理由去存在，亘古不变。其实，没有一物得以永恒，唯有无常是常态。

聪明人不会被事物稳定的外表所蒙蔽，却会首先预料到变化的方向。[①]相反，庸人则会认为，万物的短暂状态，或者他们人生的方向，会按部就班地延续下去。因此，他们虽然看到了事物变化的结果，却无力探究它们的缘由；然而这些缘由正是酝酿着未来发展变化的胚胎。而在庸人眼中，他们无法看到，这结果蕴含着那些胚胎。在对事物的认识上，人们故步自封，并假定着某些不为他们所知的原因，由这些原因导致了眼前的结果，并且这些结果会一直保持现状。

庸人为此也有一个福利：假如前面有个坑，那么他们不

---

① 人类的事情在天降大祸时，还大有回旋余地，以至于当我们为了一个即将降临的危难而做出牺牲时，这个危难在事情面前出乎意料地消失了，那么，不仅我们的牺牲打了水漂儿，而且在瞬息万变的事情跟前，我们的牺牲所导致的变化，简直成了劣势。因此，我们不必为日后做太多防备，而对运气也要有所预料，大胆地期待一些危险，希望它犹如黑压压的积云层，从我们身边走过。

◆ 人生的智慧 ◆

The Wisdom of Life

约而同一起跳下去。结果,当他们碰到什么灾祸的时候,那就"患难与共""同甘共苦"了。那些脑子惯于深思熟虑的人,当遇到什么不测时,他们只能独自硬拼了。在此,我们顺便提下,我的一项原则得到了验证:错误离不开错误推理,也就是说,把一个已知后果归因于一个并非引起该后果的事物之上(参阅《作为意志和表象的世界》第一卷第十五章)。

然而,只有从理论上,通过预计事情的结果,我们才能猜测到时间的后果,而非在现实中,妄想抢在时间之前,得到只有时间才会带给我们的东西。因为,谁要是真的想这么做,那么他就会发现,再没有哪个放高利贷者,会比时间更刻薄、更吝啬的了。谁一旦想强行预支时间,那么他就得向时间支付最昂贵的利息;在这方面与时间相比,连犹太人都自叹不如。

例如,我们可以在一定温度下,给一棵树的树干抹上生石灰,从而让这棵树加快生长,假以时日,它就会抽出新芽,然后开花结果;但是它接着就会很快死掉。假如一个小伙子,想做一个成熟男子才能完成的繁殖后代的工作,甚至只用短短几周,就在他年仅十九岁时,干完了他三十几岁的活,那么,不管怎样,他目前是可以预支时间的。不过,在他以后的岁月中,有一部分精力——当然也就是他的一部分生命——就是利息。

有很多病,我们之所以从中完全恢复过来,就是因为我们任其自然,此后它们就自动消失了,没有留下一点痕迹。但是,假如我们现在就想立刻好起来,那么我们只能预支时间了。病魔是会被赶跑的，然而，我们也将为此付出利息：身体的羸弱，在往后的日子中，使后遗症周期性地发作。

如果遇到战争或者内乱，人们当务之急就得花钱，那么，他们迫不及待地把自己的地产或者公债券，以它们目前价值的三分之一，甚至更低的价钱卖出去。假如他们愿意等到成熟时期，也就是说要等上那么几年，那时，他们还是能够让这些资产全价保值的。不过，这些人非得要预支这么几个年头。

或者，人们需要一笔钱去长途旅行。在一两年之内，凭借他们的收入，他们完全可以凑够这笔钱。但是人们不想等待，于是，这笔钱只能去借，或者从本金中提取，这也就意味着他们要预支时间了。如此一来，光是支付利息，就足以把人们的账目搞得一塌糊涂，然后他们也难以从长久而不断增长的赤字中脱身了。

这就是时间的高利贷，它的牺牲者，就是所有那些不甘心等待的人。要想把早已预定的到期时间提前，所要承担的是最昂贵的代价。所以，我们要谨防欠下时间的利息。

五十

在日常生活中，我们经常可以发现普通人和聪明人在性格上的显著区别。普通人在思考和评估事情可能存在的风险时，一味地去询问和掂量，什么事情已经发生了；与此相反，聪明人会考虑，可能会发生什么事情；然后他们心中所盘算的事情，用一句西班牙的谚语来说，那就是："过去一年内没有发生的事情，会在下一分钟发生。"诚然，这两种人的问法不同是很自然的：因为深究可能发生的事情，需要智力；而考虑业已发生的事情，只需要感性。

然而，我们的信条是：为邪恶的魔鬼而牺牲。也就是说，为了将一个不幸发生的可能性拒之门外，我们不要害怕耗费人力和时间，忍受不适和贫乏，缩小生活空间，花费钱财。我们在这些方面的支出越多，不幸发生的概率就越小、越遥远、越不可能。定期缴纳保险金，就是一个最为明了的例子。它是人人公开献给邪恶的魔鬼的贡品。

五十一

没有任何意外，值得我们去为之欢呼雀跃，或者恸哭悲号。[①]部分是因为万物皆变，意外无时无刻不在改造它们；部分是因为对于意外中的事情，如何判断哪些有利、哪些不利，我们举棋不定。结果，几乎我们每个人都一度经历过某件事情，刚开始我们为之哀叹不已，可后来那些事情却被证

[①] 我已经向读者诸君提出了不少战胜欢乐和悲伤的法子，所以，不论遇到喜事，还是碰上伤心事，我都不会在乍一看到它们之时，像一个女人一样感情用事。

明是上等的好事。我们也一度为某事欢欣鼓舞，但它后来反而成为我们受苦受难的来源。

这里所建议的面对意外事情的态度，已经被莎士比亚精彩地表达出来：

> 曾经，我体会过种种悲悲喜喜，
> 如今，纵然它们蓦然现出原来面貌，
> 我也不会像一个女人一样哭哭笑笑。
> ——《皆大欢喜》第三幕第二场

通常情况下，饱经风霜的人会知道，生活中可能会发生的磨难大大小小、千千万万，因此，他将现在所发生的不幸，视为诸多磨难中微乎其微的一个。这就是恬淡寡欲的心境，与此相应，我们万万不可忘记人类的处境，而应该始终牢牢记住，每个人的这一辈子，往往就是一个既悲惨又可怜的命运，会遭受无数风风雨雨。

要想重温这一事实，我们只需环顾周围：不管我们身在何处，都可以目睹到，人们一辈子跌打滚爬，历经千辛万苦，只为了自己不被那多灾多难、困苦不堪的生活所抛弃。于是，我们就要少欲知足，学会顺天从命，接受所有不尽如人意的事情和状况，时时刻刻警惕不幸的来临，以便避让它们，或者把它们承担起来。

因为所有或大或小的不幸，都是我们生活中的真实部分。我们要将这些始终放在心中，而不是做一个满腹牢骚的

◆ 人生的智慧 ◆

The Wisdom of Life

人,像贝雷斯福德那样,拉着长长的脸,哭诉人生每时每刻的苦难。我们更不要在被虱子叮咬时,也得呼唤上帝来帮忙。相反,我们要成为一个谨慎明达的人,对于那些不幸,不管它们起因于人还是物,我们要提前有所警觉,积极预防。为此,我们要深谋远虑,事事求精,就像一只机灵的狐狸,敏捷地躲避大大小小的挫折(它们一般来说只是由我们的"笨拙"伪装而成罢了)。

假如我们一开始就设想一个不幸可能会发生,就像人们所说的那样,我们对此早已胸有成竹,那么,我们就会比较轻松地面对它。其中可能主要有这么一个原因,当这个不幸事件尚未发生时,我们镇定自若地将之视为一个可能性,那么,我们就可以清清楚楚地从各个方面,估计到它影响的大小。如此一来,我们就至少认识到,它是有限的,也是明了的。结果,当它真正来临的时候,它给我们所带来的后果也没那么严重。

相反,如果我们一事不做,而是在毫无准备的情况下,与不幸狭路相逢,那么,当我们一见到不幸大得完全无法判断,我们就惊慌失措了。这样,事情就无法估计,看起来起码比实际情况更严重,根本无从下手。同样地,事情既模糊又不确定,使得风险显得比实际的更大了。

然而,当我们再三思考之后,及早预料到可能的不幸,我们也就想到了如何应对自如,怎么进行补救。或者,我们至少形成了未雨绸缪的习惯。

当飞来横祸落到我们身上时，我们借以冷静应对的最佳方法，莫过于信奉这样一个真理："所有已经发生的事情，不管它们有多大，还是有多小，都是必然发生的。"

这个道理是在我的获奖论文《关于意志自由》中，我从它的最终根据推理出来的。这样，当不可避免的事情必然发生时，人们就懂得很快去适应它。人们认识了这个道理，就会把所有事情，甚至把那些令人匪夷所思的意外事故的后果，通通看作必然的了。它们犹如那些意料之外、情理之中的事情。对此，我提请读者诸君参阅我所说过的话：认识到那些不可避免、必然发生的事情，我们就会身心安宁（《作为意志和表象的世界》第一卷第五十五章）。谁参透了这个道理，他也就会去做他所能够做到的事情，也乐于去承担他所必须承担的事情。

那些无时无刻不在折磨我们的小灾小难，我们可以把它们当作使我们保持身心得到锻炼的事情；这样，我们即使身在幸福中，也不至于完全丧失承受大灾大难的能力。在人际往来、别人的轻微阻挠和流言蜚语中，我们会遇到一些平常的烦恼和小小的摩擦，我们应该像仗剑在身的西格弗里德[①]一样，完全不为之感慨，更不必对此耿耿于怀，不让它们靠近

[①] 西格弗里德，是德国的一部用德语写的英雄史诗《尼伯龙根之歌》中的英雄。尼德兰王子西格弗里德早年曾杀死巨龙，占有尼伯龙根族的宝物。他爱慕勃艮第国王巩特尔之妹克里木希尔特，并向她求婚。为此，他帮助巩特尔打败撒克逊人，让巩特尔迎娶冰岛女王布伦希尔特为妻，才最终获准与克里木希尔特成婚。——译者

我们半步，把它们像在路上的石子一样，一脚踢开，绝不会对此斤斤计较。

五十二

人们一般称之为幸运的事情，在大部分情况下，只不过是自己笨拙的恶作剧而已。因此，我们可能会乐意接受《伊利亚特》第二十三节中的妙语连珠，在那里推荐了一些明智的反思。因为，哪怕人们为他们的累累罪行，在下辈子受到惩处；但是，他们的愚蠢行为，仍会在这辈子遭到报应，尽管他们有时侥幸得以逃脱。

不是那些凶猛的人，而是那些狡诈的人，让我们感到既可怕，又危险。与狮子的爪子相比，人们的头脑显然是更令人畏惧的武器。

一个久经世事的人，做事绝不会有丝毫犹豫，但也绝不会轻举妄动。

五十三

能够对我们的幸福有根本作用的素质，是仅次于聪明的勇气。诚然，我们自身既没有聪明，也没有勇气，而是从母

Chapter05 | 建议和格言

亲那里继承了前者,从父亲那里继承了后者。但是,我们可以借助决心和锻炼,来弥补我们现有这两种素质的缺陷。

在这个世界,"用灌铁的骰子玩游戏",我们要有钢铁一样的性格,以铠甲抵挡命运的打击,以战斧对付别人的进攻。因为人活一辈子,整个就是一场战斗,我们每前行一步,势必少不了一番厮杀。伏尔泰说得好:"生而为人,我们只能仗剑前行,哪怕是死,也要手握武器。"一个人一旦面临浓云密布,或者只是见到在地平线上出现了阴云,就垂头丧气,哀叹连连,那么他就是一个懦弱的人。倒不如像我们的箴言所说:

不要逃避灾难,而要奋勇迎击它。

哪怕是一件危险的事,只要它未有定论,只要它还存在一丝转机的希望,那么,我们就不能胆怯,而要奋勇抵抗。正如我们只要在头上看到一片蓝色天空,我们就不要对天气感到绝望一样。诚然,我们本该这样说:

纵使整个世界倾塌成碎片,
我们也要无所畏惧。

整个生命,别提它的福分,用不着我们如此战战兢兢、畏畏缩缩:

为此,我们要顽强地生活,
并且,以无畏的胸膛,抵抗命运的打击。

· 237 ·

◆ 人生的智慧 ◆

The Wisdom of Life

  不过，这可能有点矫枉过正，因为勇气可能演变成鲁莽。对我们在这个世界上的状态，保持一定程度的畏惧，毕竟是有必要的；懦落只是我们有点畏惧过头了而已。弗兰西斯·培根对"terror Panicus"①在词源学上的解释非常精辟，使我们保存下来的普鲁塔克的解释相形见绌。培根从这个词中推出了"Pan"②这个词，认为"Pan"是一个人格化的自然。他解释说，为了避免和防范可能降临的痛苦，事物的本性使一切生命都感受到了恐惧和不安，而这恰好成为生命及其本性的保护者。但是，这一本性却不知自制，总是将有用的担忧和徒劳的恐惧混淆在一起，乃至所有的事物（假如我们能从内部看清它们的话），尤其是人类，充满了惊慌失措的恐惧。

  此外，这种惊慌失措的恐惧有一个鲜明特征，那就是，这个惊恐的人并没有清楚意识到他惊恐的理由，他只是假设有个恐惧的理由，而非去认识它。诚然，深陷险境的时候，恐惧本身就成为恐惧的理由了。

---

  ① terror Panicus，让人惊慌失措的恐怖。——译者
  ② Pan，潘神，希腊神话中司羊群和牧羊人的神。——译者

Chapter06
人生的不同阶段

人生的智慧
The Wisdom of Life

伏尔泰有一句话说得极为精彩：

一个人如果不具备他那个年龄应有的智慧，
那么，他将会有那个年龄段的所有烦恼。

因此，在考察完整个幸福学之后，对于人生的不同阶段所带给我们的变化，我们进行一次大概的反思，也是很合适的。

在人的一生中，我们一直以来所拥有的，仅仅是当下，也只限于当下。每一个当下之间的不同仅仅在于，在我们呱呱落地时，我们前面有一段长长的未来；临命终了时，我们身后有一段长长的过去。然后，尽管我们的性格天生不变，但是我们的性情经历了一个显著的变化，每个当下由此在每一次变化中，染上了不同的色彩。

在我的《作为意志和表象的世界》的第二卷第三十一章中，我已经论证了这么一个事实：为什么在我们的童年时代，我们更多的是去认知，而不是受意志的摆布。

在一生四分之一的时间里，我们的幸福主要来源于这一事实；然后，它就像一个失落的伊甸园，留在我们的身后。我们在童年时期，人际关系简单，拥有很少的需求，因此，意志就没有怎么被刺激起来。我们把自己生命的大部分投入到认知中去。

像大脑一样，它在我们七岁时就达到了它的最完满的限度，我们的智力虽然还没有成熟，但是早就在提升。智力就在整个世界里，孜孜不倦地汲取养料，因为在这个儿童的世界中，一切东西都是新鲜的，散发着一种新奇的诱惑力。于是，我们的童年岁月就是一首没有结尾的诗歌。

诗歌像所有艺术一样，其本质存在于对柏拉图理念的领悟，也就是存在于对本质自身、因而也是普遍性的把握；同时也存在于个体性之中。借助这种理念，每个事物就作为它这一类事物的反映而出现，所以，在一个事物身上，我们可以看到一千个同类事物。

同时，有人认为，在我们的童年时代，我们一味专注于个别的玩意和特殊的事件，虽然它们只会对我们的意愿产生一时半会的兴趣。然而，事情终究并非如此。生活，以其全部意义，总是日新月异，在我们面前，它的面貌不因其日复一日的重复而迟钝老去。所以，在我们童年的追求中，尽管我们并不清楚自己追求的目的何在，但是，我们在冥冥之中，从每个场景、每个事件那里，把握生活的本质，以及生活的形态和展现的基本特征。我们观察所有人和物时，就像斯宾诺莎一样，"采取永恒的视角"。

我们越年轻，每一个单一事物或者事件就越能代表它的全部种类。但是，年复一年，这种情况慢慢变少。基于此，我们在年轻时和在年老时，对事物所形成的印象，它们之间的差别竟然如此之大。在童年和青年早期，我们的经验和认识，会逐渐变成日后所有知识和素材的原型和范畴。这些原型和范畴就像概念一样，我们借助这些概念，将所有东西进行归类，虽然当时我们并没有一直都清晰意识到我们的这种行为。

于是，长此以往，早在孩童时期，我们就打下了我们的世

◆ 人生的智慧 ◆

The Wisdom of Life

界观的坚定基础，也许这些基础或者肤浅，或者深刻。但是，它们会在后来得到解释、完善；当然，它们不可能有什么根本性的变化了。这样，这种纯然客观故而充满诗意的世界观，是儿童时代的根本特征。这种世界观之所以如此形成，是因为长久以来，意志尚未以其全部力量出现，我们举止之间也就像小孩子一样，更多地偏重于认识而非意愿。所以，有些小孩子的眼神既认真又富于直观。拉斐尔在画天使时，就出色地利用了这种眼神的特征，尤其是在他所画的西斯廷圣母中。也正因为如此，童年岁月是如此快乐，以至于我们始终对它念念不忘。

当我们抱着如此认真的态度，初次直观地去认识事物时，教育也同时在致力于向我们灌输概念。然而，概念并不提供真实的本质；毋宁说，我们知识的基础和真正内容，是存在于对世界的直观的把握之中的。而这种直观的把握只能从我们自身之中赢得，而非通过某一种工具灌输给我们。因此，不仅是我们的道德，还有我们的智力，它们的价值不是来自外界，而是从我们自己的深层本质之中产生。即使采取裴斯泰洛奇[①]式的教育方式，也不可能把一个天生的蠢材，教育成一个善于思考

[①] 裴斯泰洛奇（1746年—1827年），瑞士著名教育家。他在读大学时主修神学，但不信神学说教，后改学法律，又目睹政界腐败，改习农，试图通过教育来改善农民的生活；曾创办孤儿院，从事贫苦儿童的教育，发展儿童道德心，成效显著；后又在布格多夫、伊佛东创办学院，进行简化教学实验。他的教育思想对近代初等教育的发展有重大影响，著有《林哈德与葛笃德》《葛笃德怎样教育她的子女》等。——译者

的人,绝对不会!他生为蠢材,必定死也为蠢材。

对外部世界进行初次直观,由此而得的认识是具体而深刻的,这也就解释了,为什么我们童年的环境和经验,会如此牢固地铭记在我们的记忆之中。我们一辈子与这种直观认识密不可分,没有什么可以将它们从我们身上剥离出去。我们将眼前的事物视为独一无二的,当然也只能如此存在。只是到了后来,我们又认识了大量事物,我们于是对原先的认识失去了勇气和耐心。

在《作为意志和表象的世界》第二卷的第372页中,我已经说明,所有事物的客观存在,也就是说,它们在纯粹表象中的存在,自始至终都是令人愉悦的;相形之下,它们在意愿之中的主观存在,处于强烈的痛苦和哀伤之中。如果人们想要回顾里面的内容,那他们就用简短的话来概括其中的说法:所有的事物看起来都很精彩,但实际上它们是令人害怕的。

由此可以推出,在我们童年时代,所有的事物是以其表象,而非以其存在,被我们看到;换言之,我们认识到的是作为客体的事物,但不是作为意志的事物。因为客体是事物悦人耳目的一面,它们的主观的、令人畏惧的一面还没有被我们所认识,所以,我们年轻的智力就把现实、艺术的所有形态,视为是令人高兴的事物。当我们看到它们美好的一面的时候,它们就显得更加美好了。

于是,我们眼前的世界就犹如一个伊甸园,我们所有人却都降生在阿卡甸高原。然后,我们渴望现实生活,追求成

◆ 人生的智慧 ◆
The Wisdom of Life

  就，承担苦难，这些作为使我们深陷世界动荡之中。在其中，我们屡败屡战，也就学会去认识事物的另一面，认识它们在意愿之中的存在。随后，巨大的失望也就接踵而至，紧接着，我们幻想的年岁如烟飞逝。而我们的失望也在不断增强，乃至更加彻底。此后，我们可以说，我们的童年生活远远看去，恍如一个剧院中的舞台装饰，当我们迈向老年，这种舞台装饰也就靠近我们。

  最后，还有下面的原因让我们感受到童年的幸福：恰如初春时节，所有的叶子都有相同的色彩和几近相同的模样；我们也一样，在童年时期，所有人彼此相似，所以能够和睦共处。然而，随着青春期的到来，我们彼此的分歧慢慢出现；并且，就像圆规的半径脚一样，这些分歧越变越大。

  我们前半生的剩余岁月，也就是我们的青春时代，与后半生相比，拥有诸多优势。然而，当我们抱定一个信念，认为幸福必定可以在生活中找到时，在追求幸福的过程中，我们却黯然神伤，甚至惨遭不测。于是，不断落空的希望和由此而产生的不满就随之产生了。我们虽梦寐以求，但毫无定数的幸福之幻象翩跹起舞，在我们眼前展现变幻莫测的模样，当我们在追求它们时，反如水中捞月，不见真月。因此，我们虽在血气方刚之年，但无论处于什么样的形势、什么样的环境，却总是郁郁不得志。因为，人生的空虚和困顿，往往被我们归结为我们的处境；而我们是在期待林林总总的事物之后，才刚刚认识到这些空虚和困顿的。

Chapter 06 | 人生的不同阶段

如果我们及早受到教导，在青春时代，就根除世界上的种种似是而非的观点，那么我们就受益良多。但事实恰恰相反，在早年，我们的很多认识是在诗词中而非在现实中获得。当我们在曙光初现的青春年代时，目之所及，无非是诗词所描述的景象。于是，我们备受意愿的煎熬，妄图在现实生活中一瞥它们的面貌，去抓空中彩虹。年轻人总会梦想自己的人生就是一部有趣的小说。而失望也由此产生了，我已经在《作为意志和表象的世界》第二卷第374页中描述了它。

因为不管那些幻象怎么刺激他们，它们都只是幻想而已，而非真实不虚。因此，对于同一个东西，年轻人看到的是幻象，我们看到的却是纯粹认识所带来的安宁与自得。要把这些幻象变为现实，就要活在意愿活动之中，但意愿活动会带来不可避免的痛苦。在《作为意志和表象的世界》第二卷第427页中，对此感兴趣的读者会得到参考。

因此，如果在人生的前半截，我们倾向于追求幸福，但又未能如愿，那么，在人生的后半截，我们则会顾忌不幸的到来。因为在我们的下半辈子中，我们或多或少就会明白，幸福是虚幻不实的，而不幸则是真实不虚的。等到那时，我们至少养成了一个理性的性格，磨炼出无所畏惧、亦无所恐惧的心态，而非享乐贪欢。①

---

① 在老年时，人们懂得怎样更好地防备不幸；在青年时，人们只能忍受不幸。

◆ 人生的智慧 ◆

The Wisdom of Life

在我年轻时,如果听到有人敲我的房门,我就会喜出望外,因为我会想:好事就要来了。然而,在往后的岁月里,如果我听到了敲门声,我所感觉到的更多的是害怕,我会这样盘算:坏事终于来了。

在茫茫人海之中,自会有一些人卓尔不群、天资不凡,他们以此天赋,不可与那些泛泛之辈相提并论,而只能或多或少地特立独行。无论如何,他们只体会到两种相反的感受:在青年时代,他们被庸人抛弃;在往后的岁月里,他们反而摆脱了庸人。被庸人抛弃的滋味并不好受,因为他们涉世未深;摆脱庸人的感觉却畅快无比,因为他们此时已深谙世道。

结果,人生的后半辈子,犹如一首曲子的后半部分,比前半部分少了磨难,多了安乐。其中主要缘由在于,人们在青春岁月,认为在这个世界上,幸福和快乐似乎是无处不有的奇迹,只是难以企及。等到人们年已老迈,就会明白,幸福和快乐本属虚无,于是,他们也就完全安下心来,享受一个尚可承受的当下,甚至还感悟到一丝喜悦之情。

一个成熟的人,在自己的人生经历中所收获的东西,并且借助这些经验,他看到世界与他青春年少时眼中的世界截然不同,这东西就是至为重要的无偏见的态度。他首次学会完全朴素地去认识事情,并将之视为它们所是的东西。而在小孩和少年那里,一个幻觉,自相矛盾的臆想的怪念头、因袭别人的先入之见,还有罕见的空想,所有这些掩盖、歪曲了真实的世界。

那么，在我们的人生经验中，最重要的任务，就是从幻象和谬论中获得自由，而这些幻象和谬论，早在我们年轻时就已经形成了。要想在年轻时就防备这些错误，当然是接受最好的教育，虽然这种教育只能是消极的，但又是极为艰难的。

为了达到这个目标，一开始，我们必须尽可能地严格限制孩子的视野；同时，在这个视野之内，还要给他们教授清晰明白、准确无误的观念；在他们已经正确把握这个视野中的内容之后，我们才可以逐步将这个视野拓宽。我们要时刻警惕，不要让他们留有模糊的观点，或者一知半解的认识。

如此一来，他们对事物、人际关系的观念虽然一直是有限而朴素的，但也是清楚明白的。于是，他们的这些观念就只需拓展，无需再纠正，直到他们步入青春时代都是如此。这种方法的要求比较特别，人们不被容许看任何小说，而是看一些合适的传记，比如富兰克林的传记，莫里兹的《安东·莱瑟》，如此等等。

当我们年轻时，我们误以为，在我们人生中举足轻重而影响深远的人和物，会隆重登场。当我们年老时，我们才回顾到，那些人和物，从后门几乎无人察觉地溜进来，悄无声息。

基于我们目前为止所谈论的观点，我们可以把生活比喻成一个已完工的刺绣。每个人在上半辈子所看到的是刺绣的正面，下半辈子看到的是刺绣的反面。刺绣反面虽然没有那么美丽，但有颇多教益，因为它让我们对刺绣的针法一览无余。

◆ 人生的智慧 ◆

The Wisdom of Life

一个精神卓越的人，即使是那精神最伟大的人，他们谈吐中所蕴含的不可辩驳的分量，也只有在他四十岁之后，才会崭露锋芒。因为，年龄的成熟和阅历的丰富，并不能在各个方面超过精神的卓越，也绝不会取而代之。只有在年轻时，年龄和阅历才能使平庸之辈与精神最伟大的人相提并论。而且，我在此指的只是个人，而非作品。

每一个天资优异的人，只要他并非属于那占了人类六分之五的庸人——大自然只赠给他们可怜的智力——那么，等到他年过四十之后，他就很难摆脱某种厌世情怀。因为他很自然地由己及人地想事情，于是就逐渐变得失望起来。他明白，无论是在头脑上，还是在心理上，甚至大部分情况下两者兼而有之，别人都远远逊色于他，不可相提并论，因此他也就喜欢避免与他们同流合污。因为一般而言，每个人按照自己的内在价值，对于孤独——每个人与自我的交往——有人喜欢，有人憎恶。在《判断力批判》中第一部分第二十九节的概述的末尾，康德也讨论了这种厌世之情。

在智力和道德方面，如果一个年轻人很早就参透人情世故，并很快精通此道，而且他刚刚涉足世事，就像已经做好了准备，那么，这就是一个糟糕的迹象，它预示这个人实属泛泛之辈。与之相比，在这种社会关系中，行为举止看起来诧异、惊疑、笨拙和错误，反倒意味着一种高贵的本性。

在青年时代，我们之所以感到喜悦和生活的勇气，部分的原因在于，我们正在爬山，没有看到死亡；因为死亡在山另一面的山脚下。但是，当我们翻过了山头，我们才真实地目击死亡，而在此之前，我们只是对它略有耳闻而已。恰恰是这个时候，我们的生命力也开始悄然隐退，生命的勇气也开始丧失。当此之时，有气无力的表情在排挤年轻时的目空一切，也烙在我们的脸上。只要我们还年轻，那么不管人们对我们说什么，我们还是认为生命无限，并因此肆意挥霍时光。我们越老，我们就越珍惜我们的时光。因为到了最后几个年头，我们每度过一天，我们就切切实实地感觉到，自己俨然一个罪人，一步一步，迈向刑场。

　　站在青年的立场来看，生活就是无尽漫长的未来；但站在老年人的立场来看，它却是一段极其短暂的过往。所以，人生初始，呈现在我们眼前的事物，犹如我们把戏剧望远镜的物镜放在眼前，在上面所看到的物像，由大观小；可是，当生命行将就木，我们恰如用目镜在看万事。我们终将老去，所以我们活得有多久，就知道生命有多短。

　　我们的年岁越大，人事就显得通通无关紧要了。在青壮之年，生命好像固定不变地立在我们眼前；而现在它所展现给我们的，则犹如短暂的现象，匆匆流逝：所有的虚无暴露无遗。

　　在我们年轻之时，时光的脚步兀自慢慢悠悠，因而，我们生命的这四分之一不仅是最幸福的，也是最漫长的，它也就留下更多的记忆让我们重温。如果每个老年人被问及旧事，那么，他所能讲述的青春岁月中的往事，定然多于此后两个时期中发生的事情。恰如一年中的春季，亦如生命中的

◆ 人生的智慧 ◆
The Wisdom of Life

  春天，日子最终变得甚至不堪重负，漫漫无期。但是，在一年、一生中的秋季，时光变短，却更加明快，也更加持久。

  但是，既然如此，为什么在我们耄耋之年时，我们回顾自己的一生，却发现生命如此短暂？因为我们对生命的记忆不多了，所以我们就觉得生活如此短暂。所有无足轻重的事情，还有一切不快的事情，都被我们的记忆筛掉了，保留在我们脑中的事情也就没多少了。因为，一般而言，我们自己的智力本来就有所欠缺，那么记忆更是如此。我们所学得的东西必须经常练习，往事需要重温，这样，两者才不至于滑向遗忘的深谷之中。但是，现在既然我们已老，我们就不再经常重温那些无关紧要的事物，通常也不会回想那些不痛快的事情。如果有必要的话，我们就会把它们保存在记忆之中。

  然而，毫无意义的事物一直在增多，因为，在经过不断的无数次重复之后，许多事情原本看来对我们至关重要，但后来却变得没多大意义了。于是，与晚年相比，我们会更好地回忆早年岁月。我们活得越老，就越没有多少事情值得我们重视，或者对我们意义重大。只有在事后经常温习，它们才能定格在记忆中，否则，一旦它们过去了，我们也就把它们忘掉。这样，时间就无影无踪地终结了。

  接着，我们不喜欢重提那些惹人不快的往事，至少是那些伤害我们的自尊心的事情；并且在大多数情况下，那些不快的事情恰好就是令我们受辱的事。因为很少有什么磨难，我们对此没有罪责。正因为如此，许多不快的往事也就被我们遗忘了。

既然有那些无关紧要的事，还有那些不快的事，我们的记忆就变得如此短暂；并且，我们现在离记忆中的素材相隔越远，记忆本身就相对越短。正如河岸上的景致，我们所坐的船越是远离它们，它们看起来就一直在变小，模糊不清，难以辨认。我们过往的岁月，以及岁月中的经历和作为，莫不如此。

此外，有时候，回忆和想象会让我们重提生命中发生最早的场景，它们是如此栩栩如生，恍如昨日重现，与我们近在咫尺。旧事之所以重现，是因为现今与此事发生之后的漫长时间，我们难以回想。因为它并不能在一幅图画中直观到，在此期间所发生的事情也大都被我们忘掉。我们对它们只有一个普通而抽象的认识，空留一个纯粹的概念，而非直观的对象。相反，在这段漫长时间之前的陈年旧事，就显得与我们此时此刻非常贴近，犹如我们刚与昨日别过。此间的时光却消失了，在我们整个生命中，只如昙花一现，难留踪影。

甚至，有时候，当我们垂垂老矣，我们身后的漫长岁月，还有自己眼前的迟暮之年，乍一看之下，几乎对我们而言犹如一个传奇。这主要是因为，我们一直处在持久稳固的当下。归根结底，我们心中的这些往事基于这个道理：在时间之中的，不是我们的存在本身，而是我们存在的现象；而当下就是主观存在与客观现象的连接点。

那么，为什么当我们还是个青年时，我们又会认为眼前的生活漫无边际？原因在于，我们为了那些没完没了的期望，拟订计划，在茫茫人海中拼搏，为了一一实现这些计划，哪怕我们死时寿比玛土撒拉，也嫌死得太早。况且，我们会根据活过的那么几年，来预测我们的寿命，对那些悠悠往事的记忆，总是那么丰富多彩，也因此显得漫长了。在那流逝的时光中，新奇的东西使一切都显得有滋有味，因此，事后这些都耐人回味，因此也就被我们一次又一次地回忆起来，深深烙在脑海之中。

有时候，我们认为，我们在怀念着一个遥远的地方，但实际上，我们只不过在眷恋我们在那个地方度过的光阴，那时我们既年轻，又充满活力。如此一来，时间戴上了空间的面具，欺骗了我们。倘若我们重游那个地方，我们就会发现，我们受骗了。

为了长寿，一个健康无恙的体格是不可或缺的。要想拥有这种体格，有两种方式，我们可以借助两盏烧着的油灯来说明它们：有一盏油灯烧得比较久，是因为它有一根非常细的灯芯，只耗费少量的油；另外一盏油灯则烧得比较快，因为它的那根灯芯非常粗，短时间内耗油也就比较多了。灯油就是生命力，灯芯就是对生命力任何形式的消耗。

至于说到生命力，我们在三十六岁之前，就像那些靠利息过日子的人：今天把钱花出去了，明天它又回来。但是，过了三十六岁以后，我们就好似那些退休职员，开始动用自己的本金了。刚开始，这个情况并不明显，花费的钱大部分一直都会回来，一个微小的赤字并不引人注意。但是，赤字渐渐增长，变得明显起来，甚至每天比昨天所增长的赤字也一目了然。赤字越积越多，我们一天比一天穷，没有希望，坏事也没有消停过。本金的消耗一直在加剧，就像一个物体从高处落下，最终，我们一无所有。如果在这里所比较的生命和钱财，真的就一起日渐消失，那么这委实是一个凄惨的境地。所以，行至暮年，对财富的贪恋就与日俱增。

与之相反，在生命力方面，如果我们从人生伊始，直到成年，乃至成年之后的人生，就把它像利息一样放到本金里面去，那么，不但我们的花费会自动回来，而且我们的本金也在增长。我们年轻时，要是有一个诚实可靠的监护人来打理财务，那我们的钱财有时也会日渐增长。哦，幸福的年轻人！哦，悲惨的老年人！

虽然如此，我们应该爱惜自己的年轻活力。亚里士多德注意到，在年少时和成年时，都能在奥林匹克竞赛中获胜的人实属凤毛麟角。因为，赛前的练习要求人们在早年就努力锻炼，这消耗了人们的生命力，后来，到了成年，它们的生命力就衰竭了。肌肉的能力也一样，甚至所有从事智力活动的人，他们所表现出来的神经能力也难逃这样的命运。因此，那些神童就是温室中所结出来的果实，当他们乳臭未干时可以一鸣惊人，随后就泯然众人矣。甚至那些博学鸿儒，在早年，为了掌握古老的语言，强迫自己艰苦学习，及至晚年，他们就变得死气沉沉，丧失判断能力。

◆ 人生的智慧 ◆

The Wisdom of Life

　　我已经谈到，几乎每个人的性格，看起来都与他某个生命阶段尤为一致，所以，他在这个阶段就会显露出他有利的一面。有些人在年少时惹人喜爱，然后这个优势就消失了；有些人强壮有力，精明能干，不过年龄会将这所有的好处掠夺而去。也有的人年老之时才展现自己最好的性格，他们温柔和蔼，因为此时，他们阅历更丰富，为人更宽容——这些人多是法国人。各种缘由在于，一个人的性格，在青年、成年、老年时，都有某种相应的东西，这种东西要么与人生的每个阶段互相一致，要么与之相反，想去纠正它。

　　人生在世，犹如舟行河海，迎面而来的景致只会往后飞逝，身后岸上的景物则逐渐变小；同理，如果年纪比我们大的人，看起来还显得年轻，那么我们内心要么已经老了，要么正在变老。

　　我们在上文已经谈论过，我们年龄越大，我们所做的和所经历的所有事情的来龙去脉，会在心里留下更少的痕迹。在这个意义上，我们可以认为，我们唯有在年轻时，过着一个完全清醒的生活；等到年已迟暮，我们的意识能有一半是清醒的就不错了。随着岁数的增长，我们的意识渐渐模糊不清；时间溜得太快，我们连一点印象都没有；犹如一件艺术作品，我们看过千百次之后，就再没什么印象了。我们去做自己不得不做的事情，事后却不知道自己是否做过此事。所以，既然我们糊里糊涂地过活，那么生活也就更会滑向完全无意识的状态，正因为如此，时间的车轮也一直在加速。

Chapter06 | 人生的不同阶段

在总角之年，所有事物以及每件事情的新奇之处，我们都可以清楚意识到，因此，长长的日子总也望不到边。同样，当我们人在旅途时，在外面的一个月，要远比在家中四个月漫长得多。无论是在总角之年，还是旅行在外，与我们行将迟暮，或者身在家中相比，新鲜的事物终究会使时间看起来比实际的要长得多。

但是，慢慢地，我们要是长时间习惯于一成不变的感觉现象，我们的智力就在磨损掉，我们所经历过的人和物也就更加难以影响到我们。然后，日子也就越来越没意义，越来越短暂。一个小孩所度过的一个小时，也会比一个老人待过的一天漫长。因此，我们生命的时间在做一个加速运动，就像一个小球不停地滚落。也像一个正在转动的圆盘，在上面，每个点离圆心越远，它们就跑得越快。那么，我们离生命的起点越远，时间的流逝只会快上加快。

同样道理，我们可以推断，在直接判断我们的心理感觉时，我们所感觉到的一年的长度，与这一年除以我们的年龄所得的商数，是成反比的。举个例子，假如一年占到我们年龄的五分之一，那么，与一年只构成我们年龄的五十分之一时相比，前者的一年对我们来说，就好像漫长了十倍。时间的比重的这种不同，在我们的生存中有无数种方式，对我们的每一个人生阶段，都产生决定性的影响。

首先，这种巨大反差表明，尽管童年岁月只包括十五年时间，但这十五年却是生命中最长的时光，并且也是记忆最

◆ 人生的智慧 ◆

The Wisdom of Life

丰富的时光。而我们在年迈时，却被与童年的丰富多彩完全相反的无聊彻彻底底地征服了。孩童渴求长久的消遣活动，不管这消遣是游戏还是劳作；如果他的生命力停滞了，那么他就会被眼前可怕的无聊所俘虏。哪怕是年轻人，他们也会被无聊所征服，一旦数小时无所事事，他们就会惶恐不安。

在成年人那里，无聊越来越少；等到他白发苍苍，就老是觉得时间越来越短，日子飞速地流逝。读者倘若明白这个道理，那么我就是在和人类说话，而非对牛弹琴。时间加速飞逝，在最后几个年头，一般而言，无聊也就被抛弃了。与此同时，那饱含苦痛的声色犬马，也归于沉寂。总体来说，这时，只要我们保持健康，生活的重负与青年时代相比，事实上就会减轻了。因此，老人家步入风烛残年的时期，被人们称为"金色黄昏"。

就我们所孜孜以求的安乐而言，金色黄昏可谓名副其实。然而，人在青春时期，所有事物都在他的脑中留下了印象，每个事物都在他的意识之中活灵活现。这带来一个好处，时间在酝酿着精神的果实，是精神吐露芬芳的阳春三月。深刻的真理只能被直观到，而不能计算出来，也就是说，对深刻的真理初步认识是直接的，通过刹那的印象召唤出来。因此，只有这种印象足够强烈、生动、深刻，这种认识才会出现。照此看来，我们所有的事情，都取决于青春时代的充分利用。

从此以后，我们才会对他人，甚至是对这个世界，产生影响。因为我们自身在不断完善、成熟，不再听任印象的摆布了。但是，世界对我们自己的作用会小得多。青春以后的岁月因此也就是我们施展身手的大好时期，而青春时光则是我们对事物进行根本性的理解和认识的时机。

在青年时代，直观支配着我们；在老年时代，思想则占据统治地位。因此，青春时代充满诗情画意，而老年时代则富于哲思学意。即使是在青春岁月的实践中，我们也是依靠直观和直观所得的印象；但在花甲之年，我们的实践只能受到思想的规定。

其中，部分的原因在于，我们在年老时，已经获得了充足的直观情况，概念可以对它们进行归类整理，以便能够将直观情况的意义、内容和可信度加以完善，同时在习惯中控制直观的印象。

反之，在那些头脑尤为活跃、富有想象力的人那里，直观的印象，因此还有事物的外观，是如此出众，以至于他们把世界看作一幅画。

所以，他们主要关心的是，他们如何穿衣打扮，如何行动谈吐；至于心灵对世界的内在把握则是其次。此举已经在青年的虚荣心和喜好华衣靓服上表露无遗。

毋庸置疑，在青年时期，我们身上有最强大的力量，心中有最高的精神张力；及至三十五岁之后，这些优势就每况愈下，变得迟缓多了。况且，到了后来，尤其是等到晚年，精神能力无法补偿回来。此时，阅历和博学真正丰富起来，我们有时间，也有机会从多个角度来观察、思考事物，把它们联系起来，发现它们的不同层次的连接点。这样，我们就可以把它们

◆ 人生的智慧 ◆

The Wisdom of Life

正确地放在一个连贯统一的关系之中来理解。我们也就洞见了万物的本质。结果，甚至我们青年时就已经意识到的东西，此时就更透彻了，因为我们对每个概念有更多的证明。我们在青年时所知道的东西，现在就可以确信了。在老年时，我们对事物有了真切的认识，除此之外，这种认识经过现实的反复验证，我们的全面思考，就成为一种根本联系在一起的知识。而青年时期的认识终归是错漏百出、支离破碎的。

人只有变老了，才会对生活有一个完整而妥当的态度。因为对于人生的整体和它的自然进程，他不只像其他人那样，只知道入世的生活，他还鸟瞰出世的人生。然后，他借此完全领悟到生活的虚无所在；而其他众生始终还认虚为实，误以为他们所执着的真实终将来临。

当我们正值青春年少时，我们有很多设想，然后我们根据所知道的少许东西，一味构造出更多的东西；而在年老时，我们对事物有更多的判断、洞察，以及更多根本性的认识。一个禀赋超群的人，生来就得到世界的馈赠，换言之，他早在青年时代，就已经去搜集自己知识和原始的基本观点的素材，但是，他的素材所酝酿的杰作，要等到一些年头之后才能问世。由此一来，我们通常发现，伟大的文学家通常是在四十岁左右，才能献出他的鸿篇巨制。

尽管如此，知识大树的根是在人们的青年时代长出来的，但是大树的果实却是在树冠之上结出来的。正如每个年代，甚至是那最贫乏的年代，它们都自认为比自己之前的年代明智得多,至于在此之前的更早的年代,那就更不屑说;同样,在人生的每个阶段,我们也会经常把这两种时期混淆。在我们正在长身体的时候,我们的精神能力和知识日益提升,我们习惯于带着鄙视的眼光去俯视昨天。这种习惯在我们心中生根发芽,但还未及长出果实,我们的精神能力就开始衰退,今天反倒要带着尊敬仰望昨天。然而,我们却还带着原来的习惯,因此,我们还是会贬低年轻时候取得的成就,正如我们看轻那时候的判断。

在此需要注意的是,一般而言,正如一个人的性格和心灵,尽管他的智力、头脑天生就遵照他的基本素质,但是他的智力却绝对不像他的性格那样一成不变。相反,人的智力或许会随某些情况的改变而变化;大体而言,这些情况的变化终归是在情理之中发生的。因为它们部分地取决于智力的生理条件,部分地取决于智力自身的经验素材。因此,智力的水平会逐渐生长,然后达到顶点,接着就慢慢衰退,最终变得痴呆。

与此同时,我们的智力所热衷、从事的素材,也就是我们思考和认识的内容,还有我们的经验、认知、实践,以及我们的见识据此而得到的完善,这些始终在增长。直到出现某个决定性的衰弱,所有这些就开始走下坡路了。我们的生存,要么处于一种糟糕的僵死状态,要么以两相矛盾的方式合乎规律地变化着。这表明,在不同的人生阶段,一个人的表现和影响是不尽相同的。

我们也可以广泛地说,我们人生的前四十年提供给我们

◆ 人生的智慧 ◆

The Wisdom of Life

  的是文本，而随后的三十年给出的是对文本的阐释。阐释教会我们正确理解文本的真实内涵及其内在关联，其中包括道德真义和所有精辟之处。

  在人生末路，恰如假面舞会散场，彼时所有人一一摘下面具。那时，我们将看到，那些曾在我们人生路上有过来往的人，都露出了真面目。因为一个人的性格日月可鉴，他的所作所为自有收获，他的成就自可盖棺定论，而所有假象，顷刻崩塌。世间繁华，只待岁月评判。

  极为稀奇的是，直到阳关路晚，黄泉路近，我们才领悟自己毕生所为何在、所求何事，尤其是我们与世间和别人的关系。由于这些认识，我们虽然不是一直都这样，但是我们认为原先预想的过高地位，应该降低一点。不过，也有例外，我们偶尔会把自己的预期地位拔高一点。因为我们之前对世间的种种肮脏卑劣之处，没有充分认识到，我们向来所设定的目标，比人们所追求的崇高得多。顺便说一句，我们此时也就体悟到了我们的自我。

  我们常常把青春称为生命中的幸福时光，而把老年称为悲惨岁月。倘若情欲能让人幸福，那么此话果真不虚。情欲来来回回折磨着年轻人，欢愉时少，痛苦时多。等到他们到了情欲冷却下来的岁月，他们就感受到了安宁，并很快就形成了一种深思熟虑的风格。因为他们的认识变得自由了，占尽了优势。因为认识自身无痛无苦，于是，他们越是沉浸在清醒的认识中，他们就越是幸福快乐。人们只需考虑到，所有享受的本性都是消极的，而痛苦的本性是积极的，那么他们就会明白，情欲并不能带给我们幸福，而衰老由于没有享受到某些快乐，就并不那么值得抱怨。因为每一次纵情享乐无非是释放了某种欲求；欲求没了，快乐也就无从谈起，这毫不令人惋惜，就如同一个人刚吃过晚饭，就不会再吃了，而是等到睡足一夜醒来之后。

柏拉图（在《理想国》的序言中）准确地评价了垂暮之年的幸福，只要我们那时最终摆脱了不安分的性欲，甚至我们可以认为，只要一个人始终对性欲的诱惑着了魔，只要他一直受到性欲之魔的摆布，那么，性欲就会无休无止地给他带来林林总总的煎熬，而由此产生的冲动，会使他长久以来处在轻微的疯狂之中。所以，只有对性欲的贪念破灭，他才会变成一个完全理性的人。

然而，我们也要明白，在一般情况下，除了所有特殊情形和特殊状况，青年男女都会有自己的可悲可叹之处，而白发老人都会有自己的可喜可乐之事。究其根源，这种情况不是因为别的，只是因为年轻人还身受淫魔欲鬼的摆布，当然，这也是一种奴役。淫魔欲鬼不会轻易放过他们哪怕一个小时，同时也直接或者间接地是几乎所有灾难的罪魁祸首。这些灾难总会降临在年轻人的头上，威吓他们。而老年人挣脱了长年累月的锁链，自由自在，自得其乐。

与此同时，我们却可以说，人的性欲衰弱以后，生命的真正实质也就消耗掉了，只剩下一副生命的空壳。诚然，这犹如一幕滑稽戏：开始，是人们粉墨登场；随后，是机器人

◆ 人生的智慧 ◆

The Wisdom of Life

穿着活人的衣服，把戏演到落幕。

无论如何，青春是不安的岁月，而老年是安宁的时光。从这点出发，我们可以推断人在这两个阶段的幸福。小孩贪婪地往前伸出他的双手，想要抓到眼前五颜六色、奇形怪状的一切，因为他的知觉还这么鲜活、年轻。相同的情况更强有力地发生在青年男女身上。这个世界的绚丽多彩和千变万化，也在诱惑着年轻人，只要他们放大了对世界的想象，而不是如实观照世界本身。于是，在不确定性中，他们变得极其贪婪、充满欲望；此时，安宁在他们眼中毫无幸福可言。

相比之下，人到垂暮之年，万事都已尘埃落定。部分是因为，热血不再沸腾，知觉不再受刺激；部分是因为，人生经历使他们对事物的价值，对享乐的内涵，了然于心。于是，人们就逐渐从幻象、空想和偏见中摆脱出来；而在此前，这些东西遮蔽、歪曲他们对事物的自由、纯粹的领悟。此时此刻，人们正确而清楚地领会了万物，把握了它们的本质，同时，或多或少地洞见到所有尘世事物的虚无。

正是如此，几乎每一个老人，甚至是那些才智平庸的老人，他们都具备一种智慧的风格，它使他们与年轻人迥然相异。所有这些变化的主要好处，就是它们带来了精神的安宁，而精神的安宁就是我们享受幸福的重要因素，甚至它其实就是得到幸福的条件和根本。

由此观之，当年轻人认为，只要他能够去经历，那么世界上总会有奇迹可寻；而年长者洞见《旧约·传道书》中的教诲：

Chapter06 ｜ 人生的不同阶段

"万物实属空虚",并且知道,不管所有坚果的外表有多么好看,它们里面都是空的。

唯有跨入花甲之年,一个人才会完全真实地得到贺拉斯的心态:"莫让自己不知所措。"换言之,此时,他才会直接、坦诚、坚定地相信,在此世间,所有事物莫不空虚,所有荣光莫不空乏,幻象终归消失。他不再臆想,在某个地方,不管那是宫殿还是茅舍,总会有别样的幸福栖息在那里;与人们在免受身体与精神之苦之后所根本享受到的幸福相比,这种幸福会更好。伟大抑或渺小,尊贵或者卑贱,这些依照世俗的标准所做出的批判,在他眼中毫无二致。

这种心态给年长者一种特殊的心灵安宁,他面带微笑,俯视世间的阴谋诡计。他不再留恋尘世,他知道,无论人们怎么为自己的人生乔装打扮,然而,一旦洞视他们欲望中的种种华而不实的年集装饰——人们为那些装饰又是着色,又是打扮——他也就看穿了人们真实生存。要评价一个人的确切价值,只需看他是否远离了苦痛,而不是盯着他是否在享受快乐,更不是关注他是否拥有荣华富贵(贺拉斯《书函辑》第一卷第12章1~4页)。

人之垂暮,其根本特征就是醒悟。幻象消失了,而在此之前,它们给我们的生活带来了刺激,也促使人们去打拼。我们领悟到,世间的辉煌、奢华、荣耀,无非虚无与空乏;我们也领悟到,在我们所梦想的事物和所渴望的享乐背后,所暗含的意义微乎其微;我们最终渐渐领悟到,我们的整个生存,无非

◆ 人生的智慧 ◆

The Wisdom of Life

是贫乏和空虚的。只有年过七十，我们才会领会《旧约·传道书》中的第一首诗[①]。但也正是这首诗，我们才会郁郁寡欢。

人们常常认为，老人家的命运就是疾病和无聊。疾病对年长者来说并非根本性的；假若考虑到人们得享高寿，疾病更非关键的了，因为"健康和疾病随着年龄的增长而增加"。谈到无聊，正如我在上文已有论述，老年人比青年更少遭受这一不幸。毋庸置疑，人之暮年，必然把孤独伴侣带给我们，但必定不会让我们感到无聊，其中缘由，显而易见。

然而，有些人仅仅识得感官之愉、交际之乐，他们无法充实自己的灵魂，也无法培养他们的能力，孤独就给他们带来了无聊。诚然，人到了迟暮之年，精神能力就会有所衰竭；但是，倘若他的精神能力本来就足够强大，那么，即使是和孤独对抗，他的能力也足以应付。然后，正如上文所指出的那样，借助阅历、认识、实践和反思，他对事物的正确洞见还会一直增长，他的判断一针见血，事物的关联也就清楚明白了。对于万事万物，他会以整体的眼光，获得越来越多的全面把握。如此一来，他就一直对所积累的知识进行新的组合，间或丰富这些知识，而这种最内在的自我教化，在所有方面始终坚持下来，我们的精神就充实、满足起来，也得到了回报。所有这些努力，使得前文所说的智力的衰退在一定程度上得到了补偿。

---

① "虚空！虚空！"传道者说："彻彻底底的虚空，凡事皆是虚空。"——译者

此外，我也说过，人老了，时间过得更快了，这就足以对抗无聊寂寞。假若人们不对身体苛求过甚，那么体力的下降就没那么严重。日子过得紧巴巴的，对晚年是极大的不幸。只要去除了贫穷，身体还康健，那么，人虽然年纪大了，但生活还是可以过得去的。这时人的主要追求是生活舒适，不为生计犯愁。所以，人在暮年，不再像先前那样还贪财爱物；因为赚钱是以消耗精力为代价的。爱与美之女神维纳斯不再垂怜于他，他就转而在酒神巴克斯那里寻欢作乐。过去，他喜欢去观察、旅行和学习；现在，他热衷教导、论说别人。如若一个老人还保持对学问、音乐、戏剧的热忱，如若他还对外在事物产生一定的敏感，有些人到了耄耋之年仍然如此，那么他就够幸运了。

到了这个岁数，一个人的内在品质给他所带来的福分，是以往从未有过的。不过，大多数人一辈子浑浑噩噩，到了高龄之后，越来越像个机器人。他们也在思考、说话，但翻来覆去的就是那么一点事情。不管发生什么事，都不会给他们带来什么影响，他也没有从肚子里掏出什么新鲜花样。和这些老人聊天，就像在一盘散沙上写字，字刚写完，字迹几乎直接就消失了。这种老人只不过是生命的"骷髅"而已。在极为罕见的情况下，人第三次长出了牙齿，这显然是大自然想告诉我们，哪怕人在老年，也可以有第二个童年。

年岁渐长，所有的能力都在衰退，并且会越来越严重，这种光景委实凄惨。不过，这一切无法避免，甚至是有助益的；因为否则的话，死亡就变得难以接受，而衰老其实就是

◆ 人生的智慧 ◆

The Wisdom of Life

在预备死亡。因此，一个人活得高寿，最大收益就是安乐死。这种死亡并非由疾病导致，人在这个过程之中所感到的痛苦少之又少，没有抽搐，甚至根本没有感觉到死亡。关于安乐死的论述，读者可以参阅拙著《作为意志和表象的世界》第二卷第四十一节。

《吠陀·奥义书》中指出，人的自然寿命是一百岁。我觉得这个见解是对的。因为我已经注意到，只有那些迈过九十岁的人，才会享受到安乐死。他们健康无恙，没有中风，也不惊厥，临死时不会发出痛苦的呼噜声，甚至有时候神色依旧。他们死时通常坐着，并且是在用餐过后；更确切地说，他们没有溘然长逝，只是生命停止了。一个人在九十岁之前因病去世，那就是早死。[①]

人类的生命说起来，其实既不长，也不短。因为在衡量其他事物的长短时，我们的生命是最基本的标准。

青年和老年之间的根区别永远在于，青年的前景是生，而老年的前景是死；换句话说，青年拥有短暂的过去和长远的未

---

① 《旧约》中，人的寿命被定为七十岁，活得高寿的人可到八十岁，赫罗多德也持同样的观点。不过，这些都是错的，都是对日常经验的粗糙而肤浅的理解所致。因为，假若人们的自然寿命是七十岁到八十岁的话，那么人们定然会在七十岁到八十岁之间命归天国。情况却完全相反，那些老人只是像年轻人一样死于疾病，疾病却只能归于偶然事件，因此这并非自然死亡。在一般情况下，人们只有在九十岁到一百岁之间过世，没有疾病，不垂死挣扎，死前喉咙没有发出痛苦的呼噜声，也没有抽搐，有时候脸色并未变白。这种死法才算得上寿终正寝。因此，《吠陀·奥义书》认为人的自然寿命是一百岁，这种主张才有道理。

来，而老年则恰好相反。无论如何，当我们老去，眼前只有死亡；可是，当我们还年轻时，我们眼前是生命。我们大可自问，两相比较，哪种情况更足以让人忧虑？大体上来看，生命是否在我们身后会比在我们眼前更好呢？《旧约·传道书》（第七章第二节）中就已经说过："人死的日子，胜过人生的日子。"渴望长寿，无论如何，这是一个冒失的愿望。因为西班牙有一句谚语："谁活得长，谁就要经历许多苦难。"

虽然，每个人的人生，并不像占星术所说的那样，可以在星辰那里预料出来，但是，人生的一般进程，就其每个阶段而言，相当于一个行星的运行轨迹，所以，一个人的人生就会持续受到所有行星的控制。

人在十岁时，水星当头。人像水星①一样，行动敏捷而轻快，不过这是在最局促的范围之内，他会因为最微不足道的小事而性情多变。但是，在聪明善辩的水星的控制之下，他学习新东西又快又轻松。

人到了加冠之年，金星②就掌管他的人生。此时，爱情和女人完全俘获了他的心。及至而立之年，火星③接掌人的人生。这时人浑身是力，是气，还有胆，变得好斗而傲慢。

---

① 水星，即墨丘利神，在罗马神话中是诸神的使者，又是主管商业、旅行、手工业和欺诈盗窃的神。他行动敏捷、精力充沛、多才多艺。水星在天上的行动很快，故以他的名字命名。——译者

② 金星，即维纳斯神，是罗马神话中的爱神和美神。——译者

③ 火星，即马尔斯神，是罗马神话中的战神。——译者

◆ 人生的智慧 ◆

The Wisdom of Life

等到不惑之年,四个小行星联合管事,他的生命更有一番天地。他事必节俭,换言之,受到谷神星①的影响,他更偏爱实用的事物;而有赖于灶神星②之力,他有了自己的安乐窝;借助智神星③,他学会了他所必须知道的事情;婚神星④就是他的妻子,成为他的家庭主妇。⑤

年过半百,木星⑥执事。此时人已经度过了大半辈子,他自认为是同辈人中的佼佼者。他的精力还足够旺盛,还可以收获经验,学习新知。根据他的个性和状态,他具备对所有周围的事情的权威。他不再倾心于接受别人的指挥,而是要自己发号施令。在他的天地之中从事指挥和领导,是他最合适的工作。朱庇特神也就可以统治其他诸神,而人在知天命之年也就达到了他生命中的顶峰。

但是,人接着就年过花甲,农神星⑦当值,此时人已脆

---

① 谷神星,也称克瑞斯星,克瑞斯是罗马神话中主管谷物和耕作的女神。——译者

② 灶神星,也称维斯太星,维斯太是罗马神话中夫子寺庙和家庭厨房中的火种不熄灭的神。——译者

③ 智神星,也称帕拉斯星,帕拉斯是罗马神话中的智慧女神。——译者

④ 婚神星,即朱诺星,朱诺是罗马神话中的天后,朱庇特的妻子,是女性、婚姻和母性之神。——译者

⑤ 随后发现的六十个左右行星是新鲜事物,我并不想了解它们。我忽视它们,就像我忽视哲学教授一样,因为它们连解决我的琐事都不配。

⑥ 木星,即朱庇特星,朱庇特是罗马神话中统治诸神的主神。——译者

⑦ 农神星,即萨图尔努斯文星、土星,是罗马神话中执管农业的神。——译者

Chapter06 | 人生的不同阶段

弱、迟缓,像铅一样坚硬:

> 然而,许多老人看起来已如行尸走肉,
> 像铅一样沉重、僵硬、迟钝而苍白。
> ——《罗密欧与朱丽叶》第二幕第五景

最后,天王星①到来。俗话说,人已经归天了。

我不知道如何处理海王星②(很可惜,人们考虑不周,这样给它命名),因为我不能以它的真正名字——伊洛斯③——来称呼它。否则,就像伊洛斯怎样与死亡有一种秘密关联,我同样就会指出,人生的终结和开端以一种怎样的方式联系起来。正是因为这种联系,埃及人的奥古斯或者阿门帖斯④(根据普鲁塔克的《论伊西斯和奥西里斯》第二十九章)就不仅是赠予者,也是接受者,死亡也成为生命的蓄水池。由此也就知道,万物都来源于奥古斯,甚至每个此时还鲜活的生命,都曾经在那里逗留过。我们要是能够知晓生命得以生发的奥秘,那么,一切道理也就清晰明了了。

---

① 天王星,即乌剌诺斯星,是罗马神话中象征未来与希望,还有天空的神。——译者
② 海王星,即涅浦顿星,尼普顿是罗马神话中的海神。——译者
③ 伊洛斯,是希腊神话中的爱神。——译者
④ 奥古斯或者阿门帖斯,埃及神话中的九泉地府。——译者

◆ 人生的智慧 ◆

The Wisdom of Life

叔本华生平年表

1788年2月22日	阿图尔·叔本华出生于但泽一个世代经商的贵族家庭中。父亲叫海因里希·弗洛里斯·叔本华，母亲叫约翰娜·特罗西纳·叔本华。
1788年3月3日	叔本华接受洗礼。
	同年，和母亲迁往奥利瓦。
1793年	波兰被划归普鲁士。叔本华离开但泽，迁居汉堡。
1793年12月23日	叔本华的祖父安德烈亚斯·叔本华去世。
1794年	约翰·戈特利布·费希特（1762年-1814年）成为耶拿大学教授，主持康德哲学讲座。
	歌德（1749年-1832年）完成《浮士德》的创作。
1797年6月12日	叔本华妹妹露易丝·阿德莱特·拉维尼亚出生。
1797年7月	父亲带叔本华到巴黎和勒阿弗尔，安排他在友人家住两年，学习法语、法国文学和社交技能。
1798年	年仅23岁的谢林（1775年-1854年）受聘为耶拿大学的编外教授，讲授自然哲学和先验哲学。
1799年	叔本华回到汉堡，进入培养未来商人的私立龙格学校学习，直至1803年。
1803年5月3日	叔本华决定不上文科学校，并踏上游学之路，途经荷兰、英国、法国、瑞士、奥地利、萨克森、西里西亚和普鲁士，直至1804年8月结束。
1804年	叔本华到但泽，在商人雅各布·卡布隆那里学习经商。

1805年	叔本华到汉堡,在大商人马丁·约翰·亚尼斯学习经商,听龙格博士的神学讲演。
	黑格尔(1770年-1831年)成为耶拿大学的正式教授。
1805年4月20日	父亲坠楼身亡,疑为自杀。
1806年9月21日	举家搬往魏玛。母亲在此举办文艺沙龙,与包括歌德在内的文化名流交往。
1807年6月	叔本华在哥达文科中学学习,住在卡尔·戈特霍德·棱茨教授家中。
12月	叔本华迁居魏玛,后来转入魏玛中学,学习拉丁文、古典语文学、历史和数学等;和作家约翰内斯·丹尼尔·法尔克,剧作家扎哈利亚斯·维尔纳结交。
1807年	费希特回到法军所占领的柏林,发表著名的《对德意志民族的演讲》并倡导成立柏林大学。
1809年2月22日	叔本华成年,继承了父亲留给他的两万塔勒遗产。
	秋季,叔本华在魏玛中学毕业。
10月9日	叔本华开始在哥廷根大学学习,第一学期就读于医学系,第二学期转入哲学系。其哲学老师是弗里德里希·博特维克、博特维克·恩斯特·舒尔特。在舒尔特的指导下,叔本华认真研读柏拉图和康德的著作。
1810年	柏林大学成立,费希特成为第一任校长。
1811年9月	叔本华转入柏林大学学习,钻研费希特哲学,和动物学家马丁·海因里希·利希滕斯坦因相识。
1812年	叔本华和哲学家、神学家弗里德里希·恩斯特·丹尼尔·施莱尔马赫发生争论。

◆ 人生的智慧 ◆

The Wisdom of Life

1813年6月	叔本华到鲁道儿施塔特撰写博士论文《论充足理性原则的四重根》。
1813年10月18日	叔本华以博士论文《论充足理性原则的四重根》获得耶拿大学的哲学博士学位。
1813年11月	叔本华回到母亲家,在沙龙中认识歌德。歌德对叔本华的思想大为赞赏,并与叔本华讨论了色彩理论。
1814年4月	叔本华与母亲的关系剑拔弩张。
4月30日	《哥廷根学报》发表对叔本华博士论文的第一篇评论。
5月	叔本华和母亲彻底决裂。他离开魏玛,搬到德累斯顿长住四年。这期间,他学习古印度哲学和佛学,和泛神论者卡尔·克里斯蒂安·弗里德里希·克劳泽,作家赫尔曼·冯·匹克勒-慕斯卡乌、费迪南德·弗赫尔·冯·比登费尔结识。
1815年	叔本华发表《论视觉与色彩》。
1816年	黑格尔任海德堡大学哲学系教授,直到1818年。
1818年	叔本华完成《作为意志和表象的世界》初稿,并撰写前言,随后去意大利旅行。
	黑格尔应聘到柏林大学,接替费希特的教席。
1819年	《作为意志和表象的世界》一书由弗里德里希·阿诺尔德·布洛克豪斯出版。随后,叔本华去罗马、意大利、瑞士旅行。
8月25日	叔本华重返德累斯顿。但泽的亚伯拉罕·路德维希·穆尔银行倒闭,叔本华一家陷入财政危机。
10月	维也纳《文学年鉴》和魏玛《文学周刊》发表第一批对《作为意志和表象的世界》的否定性评论。
12月	叔本华申请在柏林大学当哲学讲师。

1820年2月21日	叔本华成为柏林大学哲学系编外讲师。他向黑格尔挑战,将上课时间安排在与黑格尔同一时间,其课程"论整个哲学就是关于世界的本质和人的精神的学说"以失败告终。
1823年7月5日	母亲约翰娜剥夺叔本华对她的财产的继承权。
1824年5-6月	叔本华在巴德加施泰因浴场养病。
1825年4月	叔本华重返柏林,最后一次尝试在柏林大学举行哲学讲座,再次失败。
1829年	叔本华翻译西班牙哲学家葛拉西安的《智慧书》,书商拒绝出版。
	黑格尔成为柏林大学校长。
1831年	柏林发生霍乱,叔本华离开柏林,最后来到法兰克福。
	黑格尔因霍乱死于校长任内。
1832年	叔本华到曼海姆。
3月22日	歌德病逝。
1833年	叔本华定居法兰克福,开始28年的隐居生活。
1835年	叔本华撰写《论自然界中的意志》,次年发表。
1837年	叔本华撰写《致建立歌德纪念碑委员会》一文。
1838年4月17日	叔本华的母亲约翰娜去世。
1839年	叔本华撰写《论道德的基础》。
1840年	《论自然界中的意志》和《论道德的基础》合并成一本书,以《伦理学的两个基本问题》之名出版。
	博士尤里乌斯·福劳恩斯泰特成为叔本华的学生。
1842年	妹妹到法兰克福看望叔本华。
1842年	弗里德里希·多尔固特的《唯心主义的错误根源》出版,书中承认了叔本华的学说。

◆ **人生的智慧** ◆

The Wisdom of Life

1843年	叔本华完成《作为意志和表象的世界》的补充卷（即第二卷），详细阐述第一卷的内容。
1844年	布洛克豪斯出版《作为意志和表象的世界》的第二版。
1847年	叔本华的博士论文再版。
1849年8月25日	妹妹过世。
1850年	叔本华写完《附录和补遗》。次年年底，该书在柏林由A.W.海因出版，并获得好评。叔本华的名声扶摇直上。
1852年	历史学家艾勒特曼编撰《自康德以来的德国思想的辩证进程》，书中首次提及叔本华哲学。
1854年	《论自然界中的意志》出版第二版。福劳恩斯泰特编写并发表《论叔本华哲学的书信》，随后，在1871年出版了《叔本华大辞典》，1883年出版了六卷本的《叔本华全集》。
1857年	波恩大学讲授叔本华的哲学。
10月	本森访问叔本华。
1858年2月22日	叔本华七十寿辰。
	叔本华拒绝担任柏林皇家科学院院士。
	德·桑科迪斯发表《叔本华和利奥波特》。
1859年	《作为意志和表象的世界》发行第三版。
10月	伊丽莎白·奈完成叔本华的雕像。
1860年8月	叔本华突然窒息。
9月9日	叔本华患肺炎。
9月21日	叔本华去世。
9月26日	叔本华葬于美因河畔的法兰克福市的公墓。